Schriftenreihe der ASI – Arbeitsgemeinschaft Sozialwissenschaftlicher Institute

Herausgegeben von
F. Faulbaum, Duisburg, Deutschland
P. Hill, Aachen, Deutschland
B. Pfau-Effinger, Hamburg, Deutschland
J. Schupp, Berlin, Deutschland
M. Stahl (Geschäftsführer), Köln, Deutschland
C. Wolf, Mannheim, Deutschland

Herausgegeben von
Frank Faulbaum
Universität Duisburg-Essen

Paul Hill
RWTH Aachen

Birgit Pfau-Effinger
Universität Hamburg

Jürgen Schupp
Deutsches Institut für
Wirtschaftsforschung e.V. Berlin
(DIW)

Matthias Stahl (Geschäftsführer)
GESIS – Leibniz-Institut für
Sozialwissenschaften, Köln

Christof Wolf
GESIS – Leibniz-Institut für
Sozialwissenschaften, Mannheim

Christian König · Matthias Stahl
Erich Wiegand (Hrsg.)

Human Resources

Qualitätsaspekte der Ausbildung
in der empirischen Forschung

Springer VS

Herausgeber
Christian König
Statistisches Bundesamt
Wiesbaden, Deutschland

Matthias Stahl
GESIS Leibniz-Institut für
Sozialwissenschaften
Köln, Deutschland

Erich Wiegand
ADM Arbeitskreis Deutscher Markt-
und Sozialforschungsinstitute
Frankfurt am Main, Deutschland

Schriftenreihe der ASI – Arbeitsgemeinschaft Sozialwissenschaftlicher Institute
ISBN 978-3-658-12567-7   ISBN 978-3-658-12568-4 (eBook)
DOI 10.1007/978-3-658-12568-4

Die Deutsche Nationalbibliothek verzeichnet diese Publikation in der Deutschen Nationalbibliografie; detaillierte bibliografische Daten sind im Internet über http://dnb.d-nb.de abrufbar.

Springer VS
© Springer Fachmedien Wiesbaden 2016
Das Werk einschließlich aller seiner Teile ist urheberrechtlich geschützt. Jede Verwertung, die nicht ausdrücklich vom Urheberrechtsgesetz zugelassen ist, bedarf der vorherigen Zustimmung des Verlags. Das gilt insbesondere für Vervielfältigungen, Bearbeitungen, Übersetzungen, Mikroverfilmungen und die Einspeicherung und Verarbeitung in elektronischen Systemen.
Die Wiedergabe von Gebrauchsnamen, Handelsnamen, Warenbezeichnungen usw. in diesem Werk berechtigt auch ohne besondere Kennzeichnung nicht zu der Annahme, dass solche Namen im Sinne der Warenzeichen- und Markenschutz-Gesetzgebung als frei zu betrachten wären und daher von jedermann benutzt werden dürften.
Der Verlag, die Autoren und die Herausgeber gehen davon aus, dass die Angaben und Informationen in diesem Werk zum Zeitpunkt der Veröffentlichung vollständig und korrekt sind. Weder der Verlag noch die Autoren oder die Herausgeber übernehmen, ausdrücklich oder implizit, Gewähr für den Inhalt des Werkes, etwaige Fehler oder Äußerungen.

Gedruckt auf säurefreiem und chlorfrei gebleichtem Papier

Springer VS ist Teil von Springer Nature
Die eingetragene Gesellschaft ist Springer Fachmedien Wiesbaden GmbH

Inhalt

Vorwort 7

Sibylle von Oppeln-Bronikowski
Begrüßung durch die Direktorin beim Statistischen Bundesamt 9

Frank Faulbaum
Ausbildungsqualität als Ergebnisoptimierung 13

Jürgen H.P. Hoffmeyer-Zlotnik
Methodenausbildung beim Bachelor und Master im Fach Soziologie 23

Ulrich Kohler
Anforderungen an Hochschulabsolventen oder: was Mitarbeiter in
einem empirisch ausgerichteten Forschungsprojekt können sollten? 43

Christa Wehner
Studium zum Marktforscher an Hochschulen –
Eine Wettbewerbsanalyse von Bachelor- und Masterstudiengängen 79

Bettina Klumpe
Fachangestellte(r) für Markt- und Sozialforschung –
Berufsausbildung im dualen System 97

Hartmut Scheffler
Anforderungen an das Berufsbild „Fachangestellte(r) für Markt-
und Sozialforschung" 107

Christian Bertram und Sabine Köhler
Fortbildung in der amtlichen Statistik 119

Markus Zwick
EMOS – Der European Master in Official Statistics 127

Angelika Scheuer
Trainingskurse des ESS – Transfer von Qualitätsstandards in die
internationale Umfrageforschung 143

Nora Skopek
Sozialwissenschaftliche Methodenausbildung für Postgraduierte
im deutschen und internationalen Kontext 153

Adressen der Referentinnen und Referenten 167

Vorwort

Die vorliegende Publikation dokumentiert die Beiträge der wissenschaftlichen Fachtagung „Human Resources – Qualitätsaspekte der Ausbildung in der empirischen Forschung", die am 18. und 19. Juni 2015 im Statistischen Bundesamt, Wiesbaden stattgefunden hat. Die Tagung ist die elfte Veranstaltung einer Reihe wissenschaftlicher Fachtagungen, die das Statistische Bundesamt in Zusammenarbeit mit dem ADM Arbeitskreis Deutscher Markt- und Sozialforschungsinstitute e.V. und der Arbeitsgemeinschaft Sozialwissenschaftlicher Institute e.V. seit dem Jahr 1995 in zweijährigen Abständen erfolgreich durchführt.

Die etablierte Veranstaltungsreihe gemeinsamer wissenschaftlicher Fachtagungen ist Themenbereichen gewidmet, die für Marktforscher, Sozialwissenschaftler und die amtliche Statistik gleichermaßen von Interesse sind. Sie fördert damit den intensiven, persönlichen Informations- und Erfahrungsaustausch zwischen den beteiligten Gruppen und trägt auf diese Weise zum wechselseitigen Verständnis der jeweiligen Forschungsinteressen und -probleme bei.

Die inhaltliche Klammer der einzelnen Fachtagungen ist der Aspekt der Förderung und Sicherung der wissenschaftlichen Qualität der empirischen Forschung in akademischen Forschungseinrichtungen und privatwirtschaftlichen Forschungseinrichtungen und der Datengewinnung in der amtlichen Statistik. Es steht außer Frage, dass die adäquate berufliche Ausbildung der Nachwuchskräfte in den wissenschaftlichen Hochschulen und im dualen System der Berufsausbildung eine unabdingbare Voraussetzung für die nachhaltige Qualität der Datengewinnung und Datenverarbeitung in der Markt- und Sozialforschung sowie in der amtlichen Statistik ist. Das schließt den Aspekt der kontinuierlichen Weiterbildung in den dafür geschaffenen Einrichtungen und Institutionen ein.

Der Dank der Herausgeber gilt dem Moderator – Herrn Professor Dr. Frank Faulbaum, Vorsitzender der ASI – und allen Referentinnen und Referenten für ihre Beiträge sowie Frau Bettina Zacharias für ihre engagierte Hilfe bei der Erstellung des Bandes. Nicht vergessen werden sollen darüber hinaus alle diejenigen, die durch ihre organisatorische und technische Unterstützung im Hintergrund die Durchführung der Tagung möglich gemacht und zu ihrem Gelingen beigetragen haben. Wir hoffen, dass auch dieser Band wie seine Vorgänger auf ein positives Echo stoßen wird und wünschen eine anregende Lektüre.

Wiesbaden, Köln und Frankfurt im Dezember 2015

Christian König   Matthias Stahl   Erich Wiegand

Begrüßung durch die Direktorin beim Statistischen Bundesamt

Sibylle von Oppeln-Bronikowski

Sehr geehrte Damen und Herren, lieber Herr Professor Faulbaum!

Herzlich willkommen in Wiesbaden zu unserer gemeinsamen wissenschaftlichen Tagung über „Human Resources - Qualitätsaspekte der Ausbildung in der empirischen Forschung".

Unsere diesjährige Veranstaltung ist die elfte gemeinsame wissenschaftliche Tagung vom Arbeitskreis Deutscher Markt- und Sozialforschungsinstitute e.V. (ADM), der Arbeitsgemeinschaft Sozialwissenschaftlicher Institute e.V. (ASI) und des Statistischen Bundesamtes. Wir blicken mit diesen alle zwei Jahre stattfindenden Veranstaltungen nunmehr auf 20 Jahre gemeinsamer Arbeit zurück, die allen beteiligten Institutionen, wichtige Anregungen für ihre Arbeit geliefert und viele positiven Entwicklungen angestoßen hat.

In diesem Jahr haben wir mit dem Thema „Human Resources - Qualitätsaspekte der Ausbildung in der empirischen Forschung" wieder ein Thema gewählt, das für alle beteiligten Organisationen von gleichermaßen hoher Bedeutung ist. Im Zuge der Programmplanung dieser Tagung wurde diskutiert, ob wir beim Bereich „Human Resources" zur Zeit eher mit einer „battle of talents" oder mit einer „battle for talents" konfrontiert sind. Wir werden im Zuge der beiden Veranstaltungstage sehen, dass es sowohl um das eine, als auch um das andere geht. Einerseits konkurrieren qualifizierte Bewerber um attraktive Stellen bei Instituten der universitären Sozialforschung, der kommerziellen Markt- und Sozialforschung und natürlich auch bei uns in der amtlichen Statistik. Anderseits konkurrieren alle drei Institutionen um qualifizierte neue Mitarbeiterinnen und Mitarbeiter. Das Spektrum der Berufs- und Studienabschlüsse ist dabei für die Rekrutierung von gut ausgebildeten Nachwuchskräften heute deutlich breiter geworden als in der Vergangenheit. Dies ist grundsätzlich ein großer Vorteil für die mit der Personalauswahl betrauten Kolleginnen und Kollegen. Es gibt heute mehr unterschiedliche Abschlüsse, die gezielt zu den jeweiligen Bedürfnisse der unterschiedlichen Stellen und Arbeitsgeber passen bzw. passen sollten. Diese auf den ersten Blick einmal äußerst positive Situation, offensichtlich immer passgenauerer Ausbildungen zu unterschiedlichen Stellenanforderungen finden zu können, macht andererseits zum Teil auch die Orientierung für die Arbeitgeber schwieriger. Das liegt nicht zuletzt auch daran, dass einige Führungskräfte zumindest unterbewusst noch die Hochschulrankings ihrer eigenen Hochschulzeit im Hinterkopf haben. Zu dieser Zeit waren die klassischen Studienfächer für Empiriker die Soziologie, die Wirtschaftswissenschaften und die Psychologie. Damals konnte man das Niveau des Fachwissens in den methodischen Fächern bereits aus den Bewerbungsunterlagen recht treffsicher aus den Abschlussnoten und dem Wissen um die Güte der jeweilige Methodenausbildung an den einzelnen Hochschulen abschätzen. Dies ist heute nach dem Bologna-Prozess mit der Aufsplitterung der Hochschulabschlüsse in Bachelor und Master bei weitem schwieriger geworden. Das von Hochschule zu Hochschule divergierende System der Credit Point Vergabe sowie unterschiedliche Regelungen bei Anwesenheitskontrollen und Klausurpflichten verschärfen diese Intransparenz. Je nach Curricula lassen sich heute an manchen Hochschulen die methodischen Fächer entweder im Bachelorstudium oder im Masterstudium weitreichend umgehen bzw. durch andere Fächer ganz oder teilweise substituieren oder es reicht zum Bestehen eines gesamten Moduls eine Durchschnittsnote von 4,0 oder besser aus. Im letzteren Fall könnte eventuell eine Note „5" in Methodenlehre z.B. mit einer Note „3" oder besser in einem anderen Fach des gleichen Moduls kompensiert werden. Durch geschicktes „Universitäts-Hopping" ist es für Bewerberinnen und Bewerber durchaus möglich an einer grundsätzlich für ihre gute Methodenausbildung bekannten Universität einen Bachelor mit keinen oder nur rudimentären Methodenkenntnissen zu bestehen und hinterher an einer zweiten, ebenfalls für ihre gute Methodenausbildung bekannten Universität den Master darauf zu setzen, dabei dann aber im Masterstudiengang die methodischen Fächer auszublenden. Die erste Universität wird dabei eher im Masterstudium auf die methodische Ausbildung Wert legen, während die zweite Hochschule dies im Bachelor tut, was beiden zu Recht einen guten Ruf in der Methodenausbildung beschert. Die früher mögliche Orientierung nach dem Ruf der Hochschule bezüglich ihrer Methodenausbildung kann daher heute leider zu Fehlentscheidungen führen.

So berechtigt solche Kritik auch ist, sollten wir aber nicht vergessen, dass der Bologna-Prozess mit der Aufteilung der Abschlüsse in Bachelor und Master uns allen als Arbeitgeber auch enorme positive neue Wahlmöglichkeiten bietet. Gerade für uns im öffentlichen Dienst ist so die Möglichkeit entstanden, auch für den gehobenen Dienst nicht mehr nur gut qualifizierte Absolventinnen und Absolventen vorwiegend der Verwaltungswissenschaften oder der Betriebswirtschaftslehre einstellen zu können, sondern auch gerade im Erhebungsgeschäft qualifizierte Bewerberinnen und Bewerber mit Bachelor-Abschluss in verschiedenen anderen für uns interessanten Fachgebieten.

Die größere Breite der möglichen Abschlüsse ist dabei der große Vorteil. Der Nachteil liegt wie erwähnt in den stark gestiegenen Anforderungen an die mit der Personalrekrutierung betrauten Kolleginnen und Kollegen, die Modalitäten an den einzelnen Hochschulen stets mit im Auge zu haben. Die zunehmende Heterogenität der Hochschulausbildung und häufige Veränderungen der Curricula erschweren diese Arbeit zusätzlich.

Insgesamt habe ich aber den Eindruck, dass uns allen auf Dauer diese neuen Wahlmöglichkeiten bei der „battle for talents" eher Vorteile bringen werden als Nachteile. In der derzeitigen Phase mag die Intransparenz bei der „battle of talents" der Bewerber noch dem einen oder anderen kurzfristig nützen, langfristig ist eine qualifizierte Methodenausbildung aber nicht ersetzbar, so dass sich an den möglichweise kurzfristigen Erfolg im Bewerbungsverfahren dann eventuell nur eine ebenfalls nur kurzfristige Beschäftigungszeit anschließt, nämlich dann, wenn sich herausstellt, dass die erwarteten Anforderungen nicht erfüllt werden.

Profitieren tun wir alle von besonders gut zugeschnittenen Studiengängen zum Marktforscher und der qualitativ ausgezeichneten Ausbildung zum bzw. zur Fachangestellten für Markt- und Sozialforschung, ein Berufsbild in das wir hier im Haus genau wie in den Instituten gerne ausbilden.

Schon diese einführenden Bemerkungen zeigen, dass wir in diesem Jahr wieder ein Thema gefunden haben, bei dem wir Statistiker uns auf Augenhöhe mit unseren beiden Partnern befinden. Bei Themen zu neueren Techniken wie gerade auch zu den sozialen Medien, die 2013 unser Thema waren, sind die Institute aufgrund des unterschiedlichen Auftrages uns weit voraus gewesen. Hier sind wir wieder alle an vergleichbarer Stelle im selben Boot und in manchen Bereichen, wie dem europäischen Masterstudium zur amtlichen Statistik haben wir in diesem Jahr auch interessante Zukunftsprojekte vorzustellen.

Der Gedankenaustausch zwischen Marktforschern, Sozialwissenschaftlern und amtlichen Statistikern ist für uns alle von grundsätzlicher Bedeutung. Gerade unsere gemeinsamen wissenschaftlichen Tagungen tragen dazu bei, den Austausch zu pflegen und zu vertiefen. Dies ist für unsere tägliche Zusammenarbeit sehr wichtig. Die gute Zusammenarbeit der drei beteiligten Organisationen zeigte sich aber nicht nur in unseren gemeinsamen wissenschaftlichen Tagungen. Seit über zwei Jahrzehnten besteht in Deutschland ein enger und vertrauensvoller Kontakt zwischen kommerzieller Marktforschung, universitärer Sozialforschung und amtlicher Statistik. Das zeigt sich unter anderem in den gemeinsamen Fachsitzungen von ASI, ADM und Statistischem Bundesamt, die wir jeden November veranstalten und auf denen auch diese Reihe wissenschaftlicher Tagungen vor über 20 Jahren ins Leben gerufen wurde.

Meine sehr geehrten Damen und Herren, ich möchte allen Referentinnen und Referenten für ihre Beiträge danken. Mein besonderer Dank gilt Herrn Professor Faulbaum, der als Vorstandsvorsitzender der ASI unsere Tagung moderieren wird. Die Tatsache, dass Sie, sehr verehrter Herr Professor Faulbaum, sich ein weiteres Mal zwei Tage Zeit für die Moderation einer unserer gemeinsamen Tagung genommen haben, ist eine große Freude und Ehre für uns.

Der heutige Tag schließt in guter Tradition mit einem „Get together", zu dem Sie alle direkt im Anschluss an die Veranstaltung hier im Foyer herzlich eingeladen sind. Mein Dank gilt dem ADM, der uns freundlicherweise auch dieses Jahr wieder eine Bewirtung ermöglicht.

Mein Dank gilt auch der ASI, die wieder für die Produktion des Tagungsbandes verantwortlich zeichnen wird sowie allen Mitarbeiterinnen und Mitarbeitern im Statistischen Bundesamt, die zur Organisation der Tagung beigetragen haben.

Nun gebe ich Herrn Professor Faulbaum das Wort und wünsche Ihnen allen einen interessanten Tagungsverlauf, anregende Diskussionen und erfolgreiche Gespräche am Rande der Veranstaltung.

Ausbildungsqualität als Ergebnisoptimierung

Frank Faulbaum
Universität Duisburg-Essen

1 Anforderungen an die Ausbildung in der Sozialforschung

Die Anforderungen an die Ausbildung von in einer empirischen Studie/ Erhebung beteiligten Akteure sind durch eine bemerkenswerte inhaltliche Vielfalt charakterisiert, die in den letzten Jahren, bedingt durch eine Erweiterung der Forschungsfragestellungen, durch kontinuierliche technologische Innovationen, durch eine zunehmende kulturelle Heterogenität und eine zunehmende internationale Orientierung, immer weiter zugenommen hat und die sich auf alle Schritte des Erhebungsprozesses auswirkt. Die gesamte Vielfalt wird in ihrer Gesamtheit mitbestimmt sowohl durch die unterschiedlichen Schritte im Verlauf einer empirischen Erhebung als auch durch die Vielfalt der Aktivitäten, die innerhalb der einzelnen Schritte vom Akteur erwartet werden.

Abbildung 1 zeigt am Beispiel des *Umfrageprozesses* (engl.: *survey process*; vgl. z.B. Biemer und Lyberg 2003) die Vielfalt der unterschiedlichen Schritte, die in einer empirischen Erhebung durchlaufen werden müssen. Die zentralen Fragen für die Markt- und Sozialforschung sind:
- Von welchen Ausbildungsgängen können wir gut ausgebildete Akteure für welche Schritte des Prozesses erwarten?
- Reichen die bisherigen Ausbildungsmöglichkeiten aus? Wo besteht Ergänzungsbedarf?
- Wie wird die Ausbildung den aktuellen methodischen Entwicklungen angepasst?

Wenn man berücksichtigt, dass allein die verschiedenen Kommunikationsformen bzw. Befragungsarten mit ihren zentralen Dimensionen „Administrationsform", „Sinneskanal" und „Technologie" eine Fülle unterschiedlicher Kompetenzen erfordern, die in der Ausbildung vermittelt werden müssen, so zeigt sich die ganze Last der Kompetenzvermittlung, die in Ausbildungsgängen kanalisiert werden muss. Der ganze Bereich der selbst-administrierten Befragungen in Online-Technologie oder Papiertechnologie erfordert für sich bereits besondere Kenntnisse in den Abläufen, in der Handhabung technischer Systeme und der Programmierung, in der Evaluation von Erhebungsinstrumenten, in der *Maßschneiderung* (engl.: *tailoring*) des gesamten Vorgehens auf die Zielpopulation (vgl. Dillman et al., 2014), in der Rekrutierung von Befragten/Probanden, etc.

Aus der geschilderten Vielfalt der Schritte, die in einem Erhebungsprozess durchlaufen werden müssen, resultiert zwangsläufig eine korrespondierende Vielfalt der Ausbildungsinhalte. Diese Inhalte beziehen sich immer auf Teile des Gesamtprozesses der Erhebung, der in seinem Ablauf so optimiert werden sollte, dass ein optimales Ergebnis resultiert, mit der Konsequenz zuverlässiger und valider Daten und damit zuverlässiger und valider Statistiken.

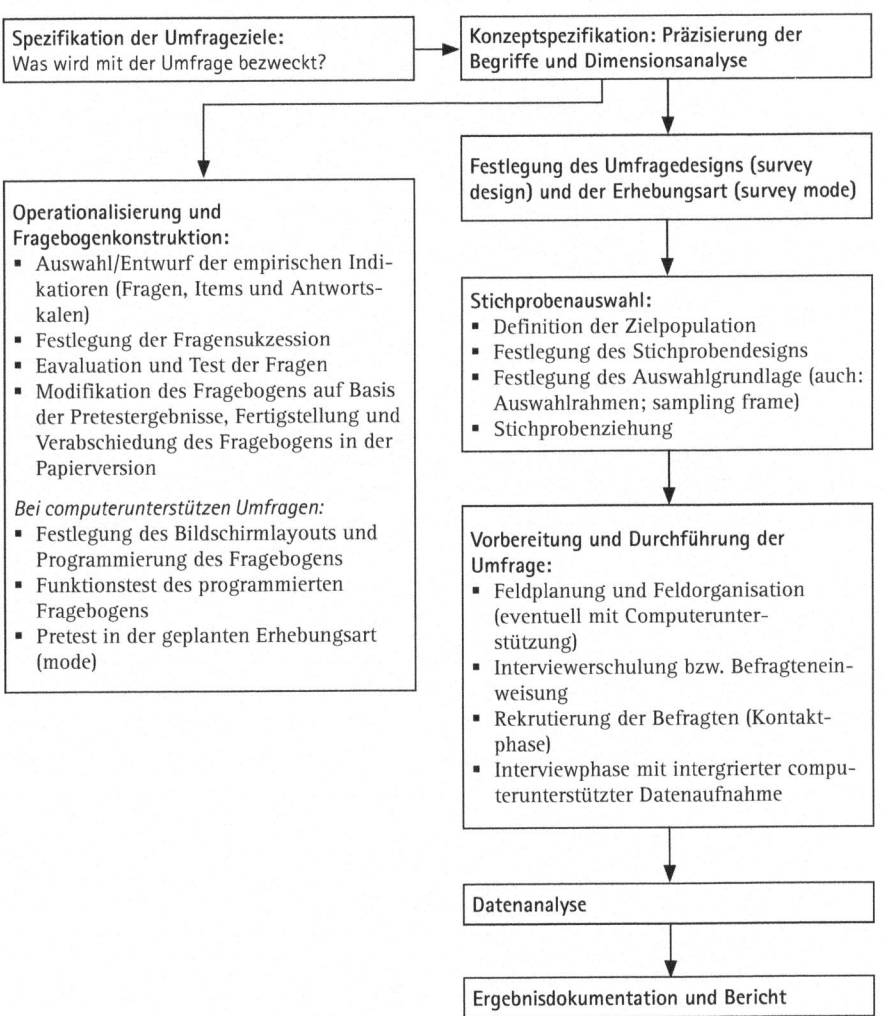

Abbildung 1 Der Umfrageprozess

2 Ausbildungsbedarf und Ausbildungsqualität

Ausbildungsbedarf und Ausbildungsqualität ergeben sich aus der Perspektive, dass Auszubildende zukünftige Akteure und Operateure in Prozessen sind, deren einzelne Schritte so ausgeführt werden müssen, dass ein optimales Gesamtergebnis erzielt wird. Der in Abbildung 1 dargestellte Umfrageprozess steht dabei im Mittelpunkt jeder Erzeugung qualifizierter Daten in der Markt- und Sozialforschung. Seine Optimierung erfordert die Optimierung aller Einzelschritte in allen ihren sich durch den Bezug auf verschiedene Anwendungsbereiche und Zielpopulationen ergebenden notwendigen Konkretisierungen und Ausgestaltungen. Die Vielfalt der mit der Ausführung dieser Schritte einhergehenden Anforderungen an die Ausbildung bestimmt zusammen mit ihren unterschiedlichen Ausgestaltungen je nach Befragungsart, Zielpopulation (Migranten, Menschen ab 65 Jahre, Gesamtbevölkerung, Mitarbeiter, etc.) wesentlich den *Ausbildungsbedarf*.

Unter der Perspektive einer Ergebnisoptimierung ist die *Qualität der Ausbildung* umso größer, je mehr die Ausbildung und deren Angebote sowohl hinsichtlich ihrer Inhalte als auch in der Form der Vermittlung dieser Inhalte geeignet ist, die Ergebnisqualität der Erhebung durch Optimierung des Erhebungsprozesses zu sichern. (vgl. Abbildung 2). Bestimmend für die Prozessqualität ist dabei die Ausführungsqualität jedes Schrittes im Erhebungsprozess. Die Sicherung der Prozessqualität war auch Gegenstand der von der Deutschen Forschungsgemeinschaft herausgegebenen Denkschrift (vgl. Kaase, 1999).

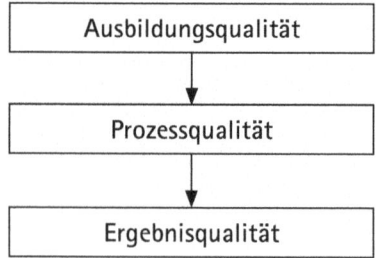

Abbildung 2   Von der Ausbildungsqualität zur Ergebnisqualität

3 Kriterien der Ausbildungsqualität

Die Kriterien bzw. die Indikatoren für eine gute Ausbildungsqualität werden vor allem durch das Ausmaß bestimmt, in dem es durch die Ausbildung gelingt, die in den Einzelschritten während des Erhebungsprozesses auftretenden Fehler/Verzerrungen zu reduzieren bzw. ggf. zu kontrollieren. Die Ausbildung sollte also eine Minimierung der Fehlerquellen *aller* Schritte des Erhebungsprozesses in den Blick nehmen, da nur in diesem Fall die Qualität der Ergebnisse des Gesamtprozesses im Sinne einer Minimierung der Ergebnisverzerrungen gesteigert werden kann (vgl. Lyberg et al., 1997).

Jede Erhebung, die Aussagen über eine Zielpopulation machen möchte, strebt eine möglichst hohe Genauigkeit dieser Aussagen an. Unausgesprochen und explizit geht es immer um möglichst genaue Schätzungen von statistischen Eigenschaften der Zielpopulation aus Stichprobendaten (vgl. Abbildung 3), jedenfalls dann, wenn die Erhebung ernsthafte wissenschaftliche Ziele verfolgt und nicht nur zu Unterhaltungszwecken durchgeführt wird.

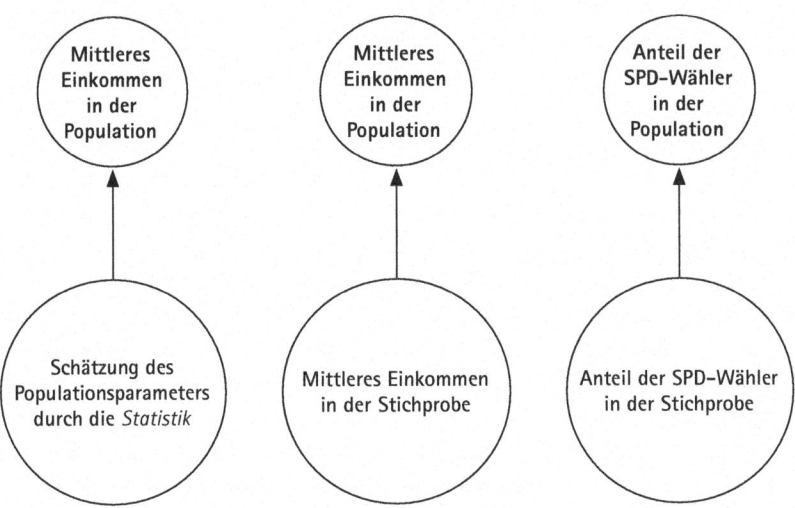

Abbildung 3 Schätzung von Populationseigenschaften

Die Ergebnisqualität einer Erhebung wird maßgeblich bestimmt durch die Genauigkeit und die Validität der Schätzungen. Letztere hängt aber davon ab, inwiefern es gelingt, die einzelnen Fehlerkomponenten, die während des Umfrageprozesses auftreten können, zu minimieren (vgl. Faulbaum, 2014; Groves, 2004; Groves und Lyberg, 2010). Abbildung 4 gibt einen Überblick über die unterschiedlichen Fehlerkomponenten des totalen Umfragefehlers (engl.: Total Survey Error; kurz: TSE), die während der Realisierung einer Erhebung auftreten können.

Da haben wir zunächst den *Stichprobenfehler*, der einfach dadurch entsteht, dass statt der vollständigen Grundgesamtheit nur eine Stichprobe erhoben wird. Vom Stichprobenfehler unterschieden ist der so genannte *Nicht-Stichprobenfehler* (engl.: *nonsampling error*), der weiter aufgeschlüsselt werden kann in *Nicht-Beobachtungsfehler* (engl.: *nonobservation error*), *Beobachtungsfehler* (engl.: *observation error*) und *Spezifikationsfehler* (engl.: *specification error*).

Nicht-Beobachtungsfehler betreffen einerseits die Abdeckung der Grundgesamtheit in der Auswahlgrundlage, andererseits die verschiedenen Arten von *Nichtantwort* (engl.: *nonresponse*), die entweder im Ausfall einer ganzen Untersuchungseinheit (engl.: *Unit Nonresponse*) und oder im Ausfall von Antworten auf spezifische Fragen (engl.: *Item Nonresponse*) bestehen kann.

Beobachtungsfehler werden im Rahmen des TSE-Ansatzes noch einmal unterteilt in *Messfehler* (engl.: *measurement errors*), *Verarbeitungsfehler* (engl.: *processing errors*) und *technische Fehler* (engl.: *technical errors*). Beispiele für Verarbeitungsfehler sind Editierfehler, Eingabefehler, Tabellierungsfehler und Gewichtungsfehler (vgl. Biemer und Lyberg, 2003, S. 39). Letztere bestehen in der falschen Berechnung von Gewichten zur Korrektur der Schätzer. Technische Fehler werden nicht immer separat aufgeführt. Sie bekommen aber durch neue technologische Innovationen in der Datenerhebung stärkeres Gewicht. Geräteausfälle, fehlerhafte Software, etc. können zu technischen Fehlern führen, die das Antwortverhalten der Befragten beeinflussen können. Von besonderer Bedeutung für die Datenqualität ist aber der Messfehler. Er beschreibt, wie stark die tatsächliche Messung von der wahren Messung abweicht. Je größer dieser Fehler, desto geringer die sogenannte Zuverlässigkeit oder bzw. Reliabilität einer Messung.

Der *Spezifikationsfehler* schließlich betrifft den Grad der Übereinstimmung zwischen dem, was gemessen werden soll und dem, was tatsächlich gemessen wird, also die sog. *Validität bzw. Gültigkeit einer Messung.* Je größer der Spezifikationsfehler, desto gefährdeter ist die inhaltliche Interpretierbarkeit der Daten.

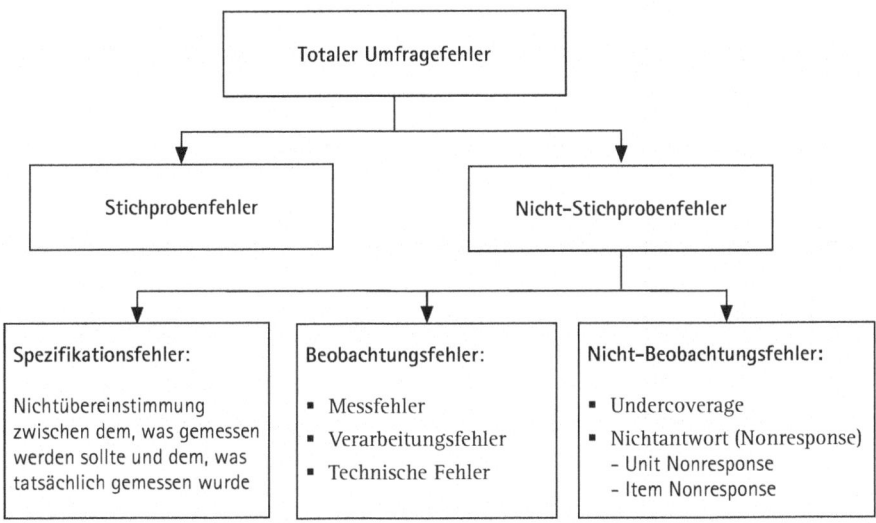

Abbildung 4 Fehler in Umfragen

Ausgespart aus dieser Fehlerbetrachtung ist der gesamte Bereich der Datenanalyse und Ergebnisaufbereitung einschließlich der Erstellung von Tabellen, Graphiken und der Berechnung statistischer Kennwerte. Auch hier sind entsprechende Betrachtungen der Fehlerminimierung sinnvoll.

Sowohl Erkenntnisse der Stichprobentheorie, wissenschaftliche Studien der Umfrageforschung und auch kontrollierte Erfahrungen der Institute können Hinweise darauf geben, wie die oben dargestellten Fehler wie z.B. die Nonresponse minimiert werden können. Der Aufwand, der dabei betrieben werden kann, ist allerdings abhängig von zahlreichen praktischen Einschränkungen wie Finanzierbarkeit, zeitlichen Beschränkungen, verfügbaren personellen Ressourcen, etc. Trotz dieser Einschränkungen sollte man das Ideal nicht aus den Augen verlieren.

4 Plädoyer für eine an der Prozessoptimierung orientierte Ausbildung

Da die Qualität der Ausbildung eines Akteurs im Erhebungsprozess umso besser ist, je mehr sie zur Verbesserung der Prozessqualität und damit der Ergebnisqualität beiträgt, erscheint es wichtig, den Aspekt der Fehlerminimierung und der Ergebnisoptimierung bewusst in die Ausbildungskonzeptionen aufgenommen wird und gezielt zu fragen, welches Wissen und eventuell auch welche Talente das Verhalten der in den einzelnen Schritten des Erhebungsprozesses eingesetzten Akteure so steuern können, dass die Ergebnisse des Gesamtprozesses durch Minimierung aller Fehlerkomponenten optimiert werden. Die Ausbildungsgänge und die Curricula sowie die Formen der Wissensvermittlung sollten also auf eine optimale, fehlerminimierende Realisierung der Schritte des Gesamtprozesses durch die in diesen Schritten eingesetzten Akteure ausgerichtet sein. Dabei sind je nach Erhebungsschritt ganz unterschiedliche, z.T. sehr spezialisierte Kompetenzen der Akteure gefragt, die in den Ausbildungsangeboten vermittelt und gefördert werden müssen. Anzustreben ist, dass die Ausbildungsinhalte so weit wie möglich evidenz-basiert sind, d.h. soweit wie möglich die Ergebnisse der empirischen Forschung in die Ausbildung einbeziehen. Dazu gehört auch, dass die Ausbildungsteilnehmer über ihre Rolle im Gesamtprozess der Erhebung und über die Bedeutung ihres Verhaltens für die Qualität der gesamten Studie aufgeklärt werden.

Zu den zentralen Ausbildungsgesichtspunkten sollten zählen:

- Vermittlung der Einsicht in die Rolle des Akteurs im Gesamtprozess der Fehlerminimierung und in die Folgen seines Verhaltens für die Qualität der Ergebnisse, Diskussion von Handlungsstärken und Handlungsschwächen in Bezug auf das Erzielen einer optimalen Ergebnisqualität;
- Eine möglichst evidenzbasierte, d.h. auf wissenschaftlichen Erkenntnissen beruhende, auf Strategien der Fehlerreduktion basierende Ausbildung und die Vermittlung von Kriterien der besten Praxis, Vermeidung schlechter Praxis (Beispiel: abweigiges Interviewer-Verhalten); Erzeugung von Problembewusstsein, z.B. Diskussion der Frage: Führen Anstrengungen zur Erhöhung der Kooperationsbereitschaft nicht zu einer verminderten Datenqualität? Wie vermeide ich Motivationseinbußen während eines Interviews? Wie gehe ich mit sozialer Erwünschtheit und sensitiven Themen um? Etc.

- Zunehmend relevant: Technologische Ausbildung und schnelle Integration technologischer Innovationen in die Ausbildung mit Diskussion der methodischen Konsequenzen und Gefährdungen für die Umfragequalität;
- Eine an den Zielpopulationen (z.b. Mitarbeiter, Kunden, Allgemeinbevölkerung, Ärzte, Migranten, Unternehmen, etc.) orientierte Ausbildung, Berücksichtigung der kulturellen Heterogenität in der Bevölkerung und der im Fokus stehenden sozialen Gruppierungen, um den Umfrageprozess entsprechend maßschneidern zu können;
- Berücksichtigung der unterschiedlichen Studiendesigns und damit der eingesetzten Heterogenität der Methoden;
- Einsicht in die Notwendigkeit von Kompromissen und in die Konsequenzen für die Qualität, wenn diese Kompromisse eingegangen werden (Kosten,- und Zeitrestriktionen, Vorgaben von Auftraggebern können manche methodische Ambition stutzen).

Wo bleiben bei diesem Anspruch die Talente? Natürlich erleichtern Talente nicht nur den Kenntniserwerb sowie die Qualität der praktischen Anwendung. Talente wie sie z.b. von Bewerbern für eine Ausbildung als Fachangestellte(r) in der Markt- und Sozialforschung verlangt werden, nämlich

- Sorgfalt (z.B. beim Auswerten der gewonnenen Daten)
- Organisatorische Fähigkeiten (z.B. beim Planen von Markt- und Sozialforschungsprojekten oder Erstellen des Projektablaufplans)
- Kommunikationsfähigkeit (z.B. beim Erteilen von Handlungsempfehlungen oder Schulen der Interviewer/innen)
- Konzentrationsfähigkeit (z.B. beim Codieren und Aufbereiten des Datenmaterials)
- Kaufmännisches Denken (z.B. beim Analysieren von Märkten oder Interpretieren von Tabellen und Grafiken),

können in der Tat helfen, Fehler in bestimmten Bereichen zu minimieren und die Arbeitsergebnisse zu optimieren. Dennoch wird es darauf ankommen, diese Talente durch einschlägige Ausbildungsinhalte zu nutzen und zu ergänzen.

Will man das Ziel der Ausbildung von Akteuren in einer empirischen Studie auf den Punkt bringen, so wäre der wünschenswerte Akteur in Bezug auf seine Einsatzbereiche *der methodisch bewusste, kompetente Praktiker.*

Dafür erscheint wichtig:

- Die Vermittlung praktischer Erfahrungen im Zusammenspiel mit methodischen Reflektionen/Korrekturen;
- Eventuell auch: spezielle Ausbildungen in den IT-intensiven Aktivitäten und in den CAI-Methoden (Ausbildung zu Administrator);
- Die theoretische Grundausbildung und die Vermittlung wissenschaftlicher Erkenntnisse wird in der Regel den akademischen Institutionen obliegen (→ Zusammenspiel von akademischer Ausbildung und Berufspraxis).

Literatur

Biemer, P. P., & Lyberg, L. E. (2003). *Introduction to survey quality.* New York: John Wiley.

Dillman, D., Smyth, J. D., & Christian, L. M. (2014). *Internet, phone, mail, and mixed-mode surveys.* Hoboken, NJ: John Wiley.

Faulbaum, F. (2014). Total survey error. In J. Blasius & N. Baur (Hrsg.), *Handbuch der empirischen Sozialforschung* (S. 439-453). Wiesbaden: Springer VS.

Groves, R. M. (2004). *Survey errors and survey costs* (2nd edition). New York: John Wiley.

Groves, R. M., & Lyberg, L. (2010). Total survey error: Past, present, and future. *Public Opinion Quarterly, 74,* 849-879.

Kaase, M. (Hrsg.). (1999). *Qualitätskriterien in der Umfrageforschung.* Berlin: Akademie Verlag.

Methodenausbildung beim Bachelor und Master im Fach Soziologie

Jürgen H.P. Hoffmeyer-Zlotnik
Justus-Liebig-Universität Gießen

Einleitung

Der vorliegende Beitrag basiert auf der Arbeit der Arbeitsgruppe „Lehre", die von der Sektion „Methoden der empirischen Sozialforschung" in der Deutschen Gesellschaft für Soziologie im Jahre 2009 eingerichtet wurde. Der Auftrag der AG war es, die Situation der Methodenausbildung in sozialwissenschaftlichen Bachelor- und Master-Studiengängen zu dokumentieren und zu beurteilen, sowie Vorschläge für die Gestaltung der Methodenausbildung zu entwickeln. Die Untersuchung zu den Bachelor-Studiengängen „Soziologie" und „Sozialwissenschaften" fanden im Wintersemester 2009/2010 statt (Eifler et al. 2011) und wurden vom Autor mit Stand Wintersemester 2014/2015 der Bachelor-Studiengänge „Soziologie" überprüft. Die Untersuchung zu den Master-Studiengängen „Soziologie", „Soziologie mit Schwerpunkt Methoden" und „Methoden" fanden im Wintersemester 2014/2015 statt (Eifler et al. 2015).

Im „Lexikon zur Soziologie" von Fuchs-Heinritz, Lautmann, Rammstedt und Wienold (1995, S. 624) wird Soziologie als die Wissenschaft, „die mit bestimmten Begriffen und Theorien, Methoden und empirischen Techniken Struktur-, Funktions- und Entwicklungszusammenhänge der Gesellschaft beschreibt und aus allgemeinen Prinzipien heraus erklärt", definiert. Folgt man dieser Definition, dann hat das Studium der Soziologie zweierlei zu beinhalten: das Erlernen des Umgangs mit sozialwissenschaftlichen Theorien und des Umgangs mit den Methoden der Datenerhebung (quantitativ und qualitativ) und der statistischen Datenanalyse (quantitativ) bzw. Dateninterpretation (qualitativ).

Zu Zeiten des Diplomstudiengangs „Soziologie" konnte sich der „Markt" darauf verlassen, dass der Hochschulabsolvent sich während seines Studiums in einem gewissen Maße mit soziologischen Theorien und mit Methoden der Datenerhebung und der Datenanalyse sowie Dateninterpretation beschäftigt haben musste. Zwar gab es schon damals von Universität zu Universität unterschiedliche Schwerpunktsetzungen, so dass die Ausbildung an der einen Universität stärkeres Gewicht auf die statistische Datenanalyse legte, an einer anderen Universität mehr die qualitativen Methoden betonte und an der dritten Universität auch die Umfragemethoden einbezog. Um hier eine Richtung vorzugeben hat die Deutsche Gesellschaft für Soziologie Empfehlungen herausgegeben, wie die Methodenausbildung in den Sozialwissenschaften, speziell in der „Soziologie", ausgestaltet werden sollte (Rehberg 2003). Die Mehrzahl der deutschen Universitäten akzeptierte diese Richtlinien, indem sie sich an diese hielten oder anlehnten.

Nach der Einführung von Bachelor- und Master-Studiengängen versuchten die sozialwissenschaftlichen Institute der einzelnen Universitäten Alleinstellungsmerkmale zu entwickeln, da es galt, attraktiv für so viele Studenten wie möglich zu werden – die Kopfzahl bringt das Geld. In diesem Prozess des sich Hervorhebens kamen im Bachelor-Studiengang „Soziologie" bzw. „Sozialwissenschaften" an einigen Universitäten solche „Allgemeinplätze" wie die Grundausbildung in Methoden der empirischen Sozialforschung und in Statistik ins Hintertreffen. Nachfolgend in den vier Semestern des Master-Studiengangs kann das bis dahin versäumte Einüben von Grundbegriffen nicht mehr nachgeholt werden, da ja auf einem Fundament an Grundkenntnissen aufgesattelt werden soll.

Zielvorgaben für das Soziologie-Studium in Bachelor- und Master-Studiengängen

Betrachtet man die Zielvorgaben für den Bachelor-Studiengang „Soziologie" von unterschiedlichen Universitäten, so wird sehr schnell deutlich, dass der Bachelor einerseits in Orientierung auf den Arbeitsmarkt und andererseits gemäß der oben aufgeführten Definition von „Soziologie" (Vermittlung von soziologischer Theorie und Methoden der Datenerhebung und Datenanalyse bzw. Dateninterpretation) ausbilden soll.

Auf ihrer web-Seite beantwortet z.B. das Institut für Soziologie der Albert-Ludwigs-Universität Freiburg (2015a) die Frage, warum die Studienanfänger im Bachelor of Arts in Soziologie sich für ein Studium an der Universität Freiburg entscheiden sollten mit:

> „…weil wir eine hochwertige Ausbildung im Fach Soziologie anbieten. Dazu gehören Theorien, mit denen komplexe soziale Verhältnisse begriffen werden können, Methoden empirischer Sozialforschung, um Licht in das Dickicht der Gesellschaft zu bringen, und immer wieder das Studium interessanter und aktueller sozialer Prozesse."

Die Johann Wolfgang von Goethe-Universität Frankfurt am Main (2009) beschreibt in der Ordnung für den Bachelor-Studiengang „Soziologie" vom 05.05.2008 in § 6 Absatz 2 als Ziele des Studiengangs:

> „Im Bachelorstudiengang Soziologie erwerben die Studierenden grundlegende wissenschaftliche Fachkenntnisse in der Soziologie im breiteren Kontext der Sozialwissenschaften, lernen methodisch und methodenbewusst zu arbeiten und bilden Fähigkeiten zum eigenständigen wissenschaftlichen Arbeiten sowie zur kritischen Reflexion gesellschaftlicher Zusammenhänge aus. Die Ausbildung vermittelt Handlungs- und Entscheidungskompetenz für komplexe soziale und politische Prozesse und bereitet auf Tätigkeiten in verschiedenen Bereichen von Gesellschaft, Wirtschaft, Politik und Kultur vor und qualifiziert die Absolventinnen und Absolventen für einen weiterführenden Studiengang."

Betrachtet man den Master-Studiengang „Soziologie" so bleibt die Zielvorgabe bestehen. Das Studienziel für den Master „Soziologie" z.B. im Modulhandbuch des Instituts für Soziologie der Albert-Ludwigs-Universität Freiburg (2015b) wird wie folgt beschrieben:

> „(Der) Masterstudiengang Soziologie vermittelt eine fundierte Theorie- und Methodenausbildung auf dem aktuellen Stand der internationalen Fachdiskussion. Er vertieft die wissenschaftliche Grundausbildung des Bachelorstudiums und befähigt zu eigenständiger sozialwissenschaftlicher Forschungstätigkeit innerhalb und außerhalb der Universität."

Erreicht werden soll dieses Ziel – wiederum nach dem Modulhandbuch für den Master „Soziologie" des Instituts für Soziologie der Albert-Ludwigs-Universität Freiburg (2015b) – wie folgt:

> „Das Studienangebot ist forschungsorientiert und zeichnet sich durch eine breit gefächerte sozial- und gesellschaftstheoretische Fundierung sowie durch die Integration qualitativer wie quantitativer Methoden aus. Das Studium fordert die eingehende Auseinandersetzung mit klassischen und aktuellen Theorien, vermittelt differenzierte Kenntnisse qualitativer und quantitativer Forschungsmethoden und übt sie im Rahmen von Forschungs- und Lehrprojekten ein."

Ein entsprechender Text findet sich auch in den Vorbemerkungen für den Master-Studiengang „Soziologie" des Instituts für Soziologie der Friedrich-Alexander-Universität Erlangen-Nürnberg (2011):

> „Aufgabe der Soziologie als empirischer Wissenschaft ist die Analyse sozialer Phänomene in modernen Gesellschaften. ... Diese Analyse wird wesentlich durch zwei Faktoren bestimmt: durch den theoretischen Zugang und durch die verwendeten Untersuchungsmethoden. Die theoretisch geleitete Formulierung von soziologischen Fragestellungen und ihre Umsetzung in ein empirisches Untersuchungsdesign, die Durchführung der Untersuchung sowie ihre Auswertung stehen folglich im Zentrum des explizit forschungsorientierten Masterstudiengangs ‚Soziologie' an der Friedrich-Alexander-Universität Erlangen-Nürnberg."

Die genannten Zielsetzungen beschreiben die Anforderungen des Arbeitsmarktes an jene, die ein Soziologie-Studium absolviert haben: Diese sollten sich mit demographischen und sozialen Veränderungen sowie mit Einstellungen und Verhalten von Personen in sozialen Kontexten auseinander setzen können, indem sie diese erfassen und Veränderungen analysieren und erklären sowie im Idealfall auch voraussagen können.

Vorgaben für die Methodenausbildung im Diplom

2003 äußerte sich Rehberg (2003, S. 69) seinerzeit als Vorsitzender der Deutschen Gesellschaft für Soziologie (DGS) dahingehend, dass die Methoden der empirischen Sozialforschung zentraler Bestandteil der Berufsarbeit der Soziologen sei und dass daher eine gute Methodenausbildung für die „Professionalisierung, Identität und Profilbildung unserer Disziplin geradezu konstitutiv" sei. Es wurde ein Curriculum für die Methodenausbildung im Diplom-Studiengang „Soziologie" vorgeschlagen (Rehberg 2003). Dieses wurde von der DGS in deren Empfehlungen zur Ausgestaltung soziologischer Bachelor- und Master-Studiengänge vollständig übernommen (Deutsche Gesellschaft für Soziologie 2006). Das Curriculum bestand aus vier Modulen (Rehberg 2003, S. 71):

Grundstudium:

Modul 1: Einführung in die Methoden empirischer Sozialforschung (6 SWS),[1] bestehend aus den Elementen:
- Forschungslogik (2 SWS)
- empirische Sozialforschung I, (standardisiert *und* nicht-standardisiert) (2 SWS)
- empirische Sozialforschung II, (standardisiert *und* nicht-standardisiert) (2 SWS)

Modul 2: Statistik (8 SWS), bestehend aus den Elementen:
- Statistik I (4 SWS)
- Statistik II (4 SWS)

Hauptstudium:

Modul 3: Forschungspraktikum (4 SWS), (standardisiert oder nicht-standardisiert)

Modul 4: Methodenvertiefung (4 SWS), bestehend aus den Elementen:
- (Haupt-)Seminar I (2 SWS), (standardisiert *oder* nicht-standardisiert)
- (Haupt-)Seminar II (2 SWS), (standardisiert *oder* nicht-standardisiert)

---

1 SWS = Semesterwochenstunden

Bei Modul 4 wird angeraten, die Methodenvertiefung in jenem Bereich zu absolvieren, der nicht als Methodenschwerpunkt gewählt wurde, um darüber eine breitere Qualifikation in den Methoden zu erhalten.

Betrachtet man dieses Curriculum, so umfasst das Grundstudium zwei Module im Umfang von insgesamt 14 Semesterwochenstunden Präsenzzeit in Veranstaltungen. Das Hauptstudium umfasst ebenfalls zwei Module mit insgesamt acht Semesterwochenstunden Präsenzzeit. Jede Lehreinheit innerhalb der vier Module erfordert von den Studierenden über die Präsenzzeit in den Veranstaltungen zusätzlich individuelle Zeitblöcke für Vor- und Nachbereitung. Mit den insgesamt acht Veranstaltungen – in Rehbergs Artikel wird zudem definiert, was in den einzelnen Veranstaltungen vermittelt werden soll – müsste eine Grundausbildung in Methoden gegeben sein.

Überträgt man dieses Curriculum auf die Studiengänge „Soziologie" im Bachelor- und Master-Studium, so sollte der Bachelor-Studiengang gemäß dem Grundstudium im Minimum die fünf Veranstaltungen mit insgesamt 14 Semesterwochenstunden Präsenzzeit umfassen und der Master-Studiengang als Äquivalent zum Hauptstudium ein Forschungspraktikum und zwei Vertiefungsveranstaltungen mit insgesamt im Minimum acht Semesterwochenstunden Präsenz.

Exkurs: Maßeinheiten für Bachelor und Master

Während im Diplom-Studiengang nach Semesterwochenstunden gerechnet wurde – es zählte der von den Lehrenden gegebene Input, die Zeit für Vor- und Nachbereitung der Veranstaltungen waren als individuelle Leistungen der Studierenden zu sehen – wird in den Bachelor- und Masterstudiengängen nach Workload gerechnet. Die Workload (WL) besteht aus der Gesamtzeit, die die Studierenden für eine Veranstaltung aufbringen müssen bzw. sollen: bestehend aus der Präsenzzeit in der Veranstaltung, gerechnet über die Semesterwochenstunden (SWS), und der Zeit für das Selbststudium (Vor- und Nachbereitung einer Veranstaltung). Zwei Semesterwochenstunden haben per Definition eine Workload von einer zweistündigen Veranstaltung über 15 Wochen (gleich 30 Stunden WL), die die Studierenden in der Veranstaltung verbringen sollen. Für das Selbststudium im Bachelor wird gegenüber der Präsenzzeit idealerweise der doppelte Zeitblock angesetzt (gleich 60 Stunden WL). Damit wird jetzt für eine Veranstaltung von 2 SWS idealerweise ein Arbeitsaufwand von 90 Stunden Workload gerechnet.

Da ein Studienwechsel innerhalb Europas möglich sein soll, benötigt man jetzt ein einheitliches Maß für die Studienleistung. Dieses ist das European Credit Transfer System (ECTS), das die Kultusministerkonferenz (KMK 2000) für die Bundesrepublik Deutschland übernommen hat. In den Rahmenvorgaben wurde definiert, dass ein Credit Point 30 Stunden Workload umfasst. Im Bachelor-Studium werden insgesamt 180 Credit Points vergeben, im Master-Studiengang insgesamt 120 Credit Points. Ein Studienjahr umfasst demnach 60 Credit Points was einer Workload von 1.800 Stunden entspricht. Dieses bedeutet für die Studierenden einen Arbeitsinput von 40 Stunden pro Woche bei sechs Wochen Jahresurlaub.

Die Methodenausbildung in den Bachelor-Studiengängen „Soziologie" und „Sozialwissenschaften" im Wintersemester 2009/2010

Im Wintersemester 2009/2010 hat die Arbeitsgruppe „Lehre" die Modulhandbücher von insgesamt 48 deutschen Universitäten – einschließlich Technischen Universitäten, aber ohne Privatuniversitäten und Fachhochschulen –, die einen Bachelorstudiengang in „Soziologie" (31) oder „Sozialwissenschaften" (17) anbieten, untersucht. Hierbei hat sich die Arbeitsgruppe „Lehre" an den Vorgaben der Deutschen Gesellschaft für Soziologie (2006) orientiert:

Datenerhebung (Umfang ≥ 6 SWS)[2]
    BA Soziologie   16 von 31   Universitäten
    BA Sozialwissenschaften   9 von 17   Universitäten

Datenanalyse, Statistik (Umfang ≥ 8 SWS)
    BA Soziologie   22 von 31   Universitäten
    BA Sozialwissenschaften   6 von 17   Universitäten

---

2   Vorgaben der DGS von 2006, umgerechnet aus den Vorgaben für den Diplom-Studiengang von Rehberg 2003. Daten aus Eifler et al. 2011, S. 452-454.

Darüber hinaus bieten schon im Bachelor-Studiengang eine Methodenvertiefung (Umfang ≥ 4 SWS) an:
BA Soziologie 9 von 31 Universitäten
BA Sozialwissenschaften 9 von 17 Universitäten

Zusätzlich wird eine eigene Veranstaltung zur EDV-unterstützen Datenanalyse angeboten:
BA Soziologie 12 von 31 Universitäten
BA Sozialwissenschaften 4 von 17 Universitäten

Und um den Praxischarakter einer auf den Arbeitsmarkt bezogenen Soziologie zu demonstrieren werden Praktika angeboten:
BA Soziologie 22 von 31 Universitäten
BA Sozialwissenschaften 6 von 17 Universitäten

Betrachtet man nun jene Bachelor-Studiengänge mit weniger als 14 Semesterwochenstunden an Methodenausbildung, dann trifft dieses zu (Eifler et al. 2011, S. 455) auf:
BA Soziologie 9 von 31 Universitäten
BA Sozialwissenschaften 7 von 17 Universitäten

Schaut man sich die Bandbreite der Methodenausbildung in den Bachelor-Studiengängen „Soziologie" und „Sozialwissenschaften" insgesamt an, so reicht die Spannweite bei den einzelnen Elementen der Ausbildung bei den unterschiedlichen Anbietern von ... bis Semesterwochenstunden (Eifler et al. 2011, S. 452-454):
Datenerhebung von 2 bis 12 SWS
Datenanalyse, Statistik von 2 bis 14 SWS
Methodenvertiefung von 0 bis 12 SWS
Praktikum von 0 bis 8 SWES

Rechnet man die Semesterwochenstunden in die neue Leistungsbewertung Workload um, dann geschieht Erstaunliches: Immer dann, wenn wenig Präsenzzeit berechnet, das heißt Input an Lehre angeboten wird, dann steigt die Workload für das Selbststudium. Dieses sollte im Bachelor-Studiengang ein Verhältnis von 1 (Präsenz) zu 2 (Selbststudium) beinhalten. Es kann aber auch ein Verhältnis von Präsenz zu Selbststudium von 1 zu 5 annehmen: 30 Stunden Vorlesungs-Input (Präsenz) werden mit 150 Stunden Selbststudium im „Grundstudium" aufgewertet.

Nicht ganz durchsichtig ist die Rolle, die die Akkreditierung eines Studienganges spielt. Jeder Studiengang muss zwecks Qualitätssicherung des Angebotes gesetzlich verbindlich akkreditiert werden. Die Akkreditierung geschieht durch Experten und basiert zu einem erheblichen Teil auf der Beschreibung des Studienprogramms, mit Studienziel und angestrebtem Abschluss, sowie auf den Modulhandbüchern, in denen alle Module, die zum Studienprogramm gehören, im Detail beschrieben werden. Wie kann hier ein Bachelor-Studiengang „Soziologie" ohne eine ausreichende Grundlage an Methodenvermittlung durchgehen?

Noch nicht bei der Erst-Akkreditierung aber spätestens bei der Re-Akkreditierung nach fünf Jahren sollte berücksichtigt werden, was die Erfahrung lehrt, dass bei den großen Vorlesungen mit mehreren hundert Studierenden die Anwesenheit nicht effektiv überprüft werden kann: Gehen Anwesenheitslisten herum, dann sorgt dieses für Unruhe während der Veranstaltung – und eine Person kann schon mal für fünf Kommiliton/Innen unterschreiben. Daher wird oft auf Anwesenheitslisten verzichtet. Eine kontrollierte Anwesenheit müsste beim Betreten des Raumes elektronisch erfasst werden. Zur nicht kontrollierbaren Anwesenheit kommt an manchen Universitäten noch hinzu, dass auf eine die Vorlesung abschließende Leistungsüberprüfung durch eine Klausur verzichtet wird. Dieses setzt voraus, dass die Studierenden nicht nur ein Interesse am erfolgreichen Studienabschluss sondern auch am Lernerfolg haben und akzeptieren, dass die angesetzte Zeit zum Selbststudium auch in vollem Umfang hierzu benutzt wird.

Vorschläge der AG „Lehre" für die Methodenausbildung im Bachelor-Studiengang „Soziologie"

Betrachtet man die Methodenausbildung in den Bachelor-Studiengängen „Soziologie" und „Sozialwissenschaften", so wird sehr schnell deutlich, dass bei einer ganzen Anzahl an Universitäten diese in Umfang und Schwerpunktsetzung nicht ausreichend ist: Von knapp der Hälfte der Einrichtungen wird der vorgeschlagene Umfang zur „Datenerhebung" jeweils in beiden Studiengängen nicht erreicht. Bei der Statistik bleiben im Studiengang „Soziologie" nur ein Drittel der Einrichtungen unter der Zielvorgabe, jedoch beim Studiengang „Sozialwissenschaften" scheint der Bereich „Statistik" für zwei Drittel der Einrichtungen eher „störend" zu sein. Die

„Methodenvertiefung" wird im Studiengang „Soziologie" nur von knapp einem Drittel aber im Studiengang „Sozialwissenschaften" von etwa der Hälfte der Einrichtungen mindestens vierstündig angeboten. Das Minimum des Angebotes liegt bei der „Datenerhebung" und bei der „Datenanalyse/ Statistik" bei jeweils einer zweistündigen Veranstaltung und verzichtet auf die „Methodenvertiefung" vollständig.

Die Arbeitsgruppe „Lehre" der DGS-Sektion „Methoden der empirischen Sozialforschung" hat für den Bachelor-Studiengang „Soziologie" folgenden Vorschlag, orientiert an den Empfehlungen der DGS, erarbeitet (Eifler et al. 2011, S. 464):

Verfahren der Datenerhebung (6 SWS)
Vorlesungen mit Tutorien (2 Semester, je 2+1 SWS)
Vermittlung von Grundwissen ohne Projektarbeit
Berücksichtigung beider Traditionen der empirischen Sozialforschung
- Schwerpunkt Fragebogenkonstruktion im Bereich der quantitativen Verfahren der Datenerhebung

Datenanalyse bzw. Statistik (8 SWS)
Vorlesungen mit Übungen (2 Semester, je 2+2 SWS)
Vermittlung von Grundkenntnissen ohne Projektarbeit
- Pflichtbereich:
  - Deskriptivstatistik (uni- und bivariate Verteilungen)
  - Inferenzstatistik (Schätzen und Testen)
- Wahlpflichtbereich:
  - Regressionsanalyse (Analyse kausaler Beziehungen)
  - Qualitative Textanalyse

Methodenvertiefung (4 SWS)
Übungen mit angeleiteter und kontrollierter Projektarbeit (2 Semester, je 2 SWS)
Besuch von 2 Veranstaltungen (konsekutiv)
- Datenerhebung oder qualitative Verfahren
- Datenanalyse oder qualitative Analyse von Textdaten

EDV-unterstützte Datenanalyse (4 SWS)
Die Veranstaltung sollte als Übung konzipiert werden und neben Kenntnissen in spezieller Software vor allem Theorie geleitete Analysestrategien vermitteln.
Die Veranstaltung sollte parallel zum Wahlpflichtbereich Datenanalyse stattfinden.
Wahlpflichtbereich:
- Software für die quantitative Datenanalyse
- Software für die qualitative Textanalyse

Die Methodenausbildung im Bachelor-Studiengang „Soziologie" im Wintersemester 2014/2015

Fünf Jahre nach der Erst-Akkreditierung steht die Re-Akkreditierung (für einen Zeitraum von sieben Jahren) an. Die erste Untersuchung des Bachelor-Studiengangs „Soziologie" geschah vor fünf Jahren. Im Wintersemester 2014/2015, fünf Jahre und in der Regel eine Re-Akkreditierung später, sowie mit Erfahrungen aus dem auf dem Bachelor- aufbauenden Master-Studiengang „Soziologie", könnte sich die Methodenausbildung im Bachelor-Studiengang „Soziologie" verändert haben. Eine erneute Untersuchung der Bachelor-Studiengänge „Soziologie" im Wintersemester 2014/2015 an jenen Universitäten, die im Wintersemester 2009/2010 untersucht wurden (abzüglich einer), hat Folgendes ergeben:

Datenerhebung (Umfang ≥ 6 SWS)   16 von 30   Universitäten
Datenanalyse, Statistik (Umfang ≥ 8 SWS) 13 von 30   Universitäten
Methodenvertiefung (Umfang ≥ 4 SWS)   27 von 30   Universitäten
EDV-unterstützte Datenanalyse   4 von 30   Universitäten

Dieses bedeutet, dass das Übergewicht der Statistik gegenüber der Datenerhebung (in die auch die qualitativen Verfahren hineingezählt werden, deren explizite Ausweisung in den Modulhandbüchern stark zugenommen hat) an Gewicht verloren hat. Deutlich zugenommen gegenüber dem Stand von 2009/2010 hat die „Methodenvertiefung", die oft als Lehrforschungsprojekt durchgeführt wird. Zusätzliche Einführungen in die Datenanalyse mit EDV-Programmen sind kaum noch als separate Veranstaltungen ausgewiesen.

In der allgemeinen Übersicht über den Umfang der angebotenen Semesterwochenstunden an Lehre zeigt sich gegenüber dem Zeitraum von 2009/2010 wenig Veränderung:

Datenerhebung   von 2 bis 14 SWS
Datenanalyse, Statistik   von 0 bis 12 SWS[3]
Methodenvertiefung   von 0 bis 12 SWS

Allerdings weisen acht der untersuchten Modulhandbücher 20 und mehr Semesterwochenstunden in der Methodenausbildung aus.

Betrachtet man das Verhältnis von offizieller Präsenzzeit zu Workload des Selbststudiums, so wird das Verhältnis von Input zu Selbststudium nach fünf Jahren an einzelnen Universitäten noch problematischer:

- Datenerhebung, (in der Regel Vorlesungen):
    zwischen 1 zu 1 ½ und 1 zu 6 ⅔
- Datenanalyse, (in der Regel Vorlesungen und Übungen oder Tutorien):
    zwischen 1 zu 2 und 1 zu 8
- Methodenvertiefung (in der Regel Seminare oder kleine Lehrforschungsprojekte)   zwischen 1 zu 2 und 1 zu 6 ⅔

Das Verhältnis von Präsenz zu Selbststudium bei einer Vorlesung mit 1 zu 5 oder gar 1 zu 8 anzusetzen, heißt quasi die Studierenden sich selbst überlassen. In der Methodenvertiefung, vor allem wenn es sich um kleine Lehrforschungsprojekte handelt, ist ein Verhältnis von Unterweisung zu Selbststudium von 1 zu 5 oder 1 zu 6 gerechtfertigt, sofern vorab die Methoden in Umfang und Tiefe so vermittelt wurden, dass die Studierenden diese beherrschen und nur noch eine Hilfestellung bei Fragen des Forschungsdesigns benötigen.

Voraussetzung für die Zulassung zum Master-Studiengang „Soziologie"

Zum Wintersemester 2014/2015 hat sich die Arbeitsgruppe „Lehre" mit der Methodenausbildung im Master-Studiengang „Soziologie" beschäftigt (Eifler et al. 2015). Hierzu wurde zunächst anhand der Ordnungen von 35 Master-Studiengänge (26 Master-Studiengänge „Soziologie", fünf Master-

---

3   Eine Universität hat keinen Statistik-Kurs separat ausgewiesen.

Studiengänge „Soziologie mit dem Schwerpunkt Methoden" und vier sozialwissenschaftliche Master-Studiengänge „Methoden" oder „Statistik" an deutschen Universitäten – ohne Privatuniversitäten und Fachhochschulen) ermittelt, wie die Zugangsvoraussetzungen zu diesen sozialwissenschaftlichen Master-Studiengängen aussehen, bevor die Modulhandbücher der 35 Universitäten auf das dort dokumentierte Angebot untersucht wurden.

Voraussetzung für die Zulassung zum Master-Studiengang „Soziologie" ist in der Regel ein abgeschlossenes Bachelor-Studium – es muss nicht eines in „Soziologie" oder „Sozialwissenschaften" gewesen sein. Etwas mehr als die Hälfte der untersuchten Universitäten (17) fordern einen Notendurchschnitt von 2,5 bis 2,9 – 15 Universitäten machen hierzu keine Angabe. Nur 19 der 35 Universitäten definieren wie hoch der Anteil an „Soziologie" während der Bachelor-Ausbildung gewesen sein soll: Zwischen 30 und 60 Credit Points sollen in Veranstaltungen, die dem Fach „Soziologie" zuzurechnen sind, erworben worden sein – zwei Universitäten fordern 90 Credit Points in „Soziologie". Methodenkenntnisse werden von 19 Universitäten nicht explizit gefordert oder definiert. Drei Universitäten fordern 8 bis 10 Credit Points, die in Methodenveranstaltungen erworben wurden, acht Universitäten fordern 12 bis 20 Credit Points und drei Universitäten (davon zwei mit dem „Schwerpunkt Methoden" und eine mit einem Master in „Methoden") fordern als Zulassungsvoraussetzung 30 Credit Points, die in Methodenveranstaltungen erworben wurden. 12 bis 20 Credit Points bedeuten etwa drei bis sechs zweistündige Lehrveranstaltungen mit einem durchschnittlichen Anteil an Selbststudium. Bei etwa 20 Credit Points, unter der Voraussetzung, dass der Anteil des Selbststudiums nicht zu hoch angesetzt wurde, kann ein Umfang an Methodenkenntnissen erwartet werden, der als Grundlage dient, auf der ein Master-Studiengang aufbauen kann.

Zwei Universitäten mit dem Studienschwerpunkt „Methoden" fordern explizit den Nachweis von Kenntnissen in Mathematik. Eine manchen Universitäten (11) wichtigere Voraussetzung für die Zulassung zum Master-Studiengang „Soziologie" als Kenntnisse in „Methoden" ist ein Motivationsschreiben zur inhaltlichen und methodischen Ausrichtung eines Projektvorhabens.

Da der Hintergrund an Methodenkenntnissen, aufgrund der sehr unterschiedlichen Gewichtung und Schwerpunktsetzung bei der Methodenausbildung im vorangegangenen Bachelor-Studiengang „Soziologie" oder einem anderen Fach, ein heterogenes Spektrum an Vorkenntnissen erwarten lässt, müsste die Zulassung zum Master-Studium in „Soziologie" an eine Aufnahmeprüfung gekoppelt werden. Alternativ müssten dem Master-Studium Aufbaukurse in Methoden vorgeschaltet werden.

Die Methodenausbildung im Master-Studiengang „Soziologie"

Im Folgenden werden nur noch die 26 Universitäten berücksichtigt, die im Wintersemester 2014/2015 einen Master-Studiengang „Soziologie" anbieten:

Der Master-Studiengang „Soziologie" kommt an einer Universität ohne explizite Methoden-Veranstaltungen aus. In sieben Master-Studiengängen müssen die Studierenden in zwei bis drei zweistündigen Pflicht-Veranstaltungen präsent sein. An elf Universitäten sind acht bis zehn Stunden Präsenz in Pflicht-Veranstaltungen zu absolvieren. Sieben Universitäten bieten einen Lehr-Input in Pflicht-Veranstaltungen im Umfang von 12 bis 18 Semesterwochenstunden an. Darüber hinaus bieten zehn der Universitäten Wahlpflichtveranstaltungen in unterschiedlichem Umfang an.

Betrachtet man jetzt in den Pflicht-Veranstaltungen, die von allen Studierenden besucht werden müssen, das Verhältnis von Präsenz zum Selbststudium, so zeigt sich, dass an jenen Universitäten, an denen die Präsenzzeiten niedrig sind, dieses Verhältnis hoch ist. Beträgt der Lehr-Input in Methoden vier Semesterwochenstunden, so werden diese mit einer Workload im Verhältnis Präsenz zu Selbststudium mit 1 zu 4 bis 1 zu 6,5 berechnet. Bei einem Lehr-Input von sechs oder acht Semesterwochenstunden kann der Anteil des Selbststudiums schon den neunfachen Anteil der Präsenzzeit erreichen. Erst wenn das Angebot an Lehrveranstaltungen hoch ist (14 und mehr Semesterwochenstunden) sinkt der Anteil von Präsenz zum Selbststudium auf unter 1 zu 3.

Betrachtet man jene zehn Universitäten, an denen die Methodenausbildung durch zusätzliche Wahlpflichtveranstaltungen aufgewertet werden kann, dann zeigt sich, dass vor allem bei jenen Universitäten, die im Pflichtprogramm schon ein größeres Angebot haben, dieses über die Wahlpflicht differenzierter oder tiefer wird (siehe Tabelle 1).

Das Ergebnis des konkreten Angebotes, gemäß der Modulhandbücher der 26 untersuchten Universitäten zeigt Tabelle 2.

Tabelle 1 Pflicht- und Wahlpflichtveranstaltungen im Bachelor „Soziologie" für zehn anbietende Universitäten mit Credit Points, aufaddiert für Pflicht- und Wahlpflichtveranstaltungen und dem Verhältnis von Präsenz zu Selbststudium

			Credit Points gesamt		Verhältnis insgesamt		
Universität Nr.	Pflicht	Wahl-Pflicht	Pflicht	Pflicht plus Wahlpflicht	Präsenz	zu	Selbst
1	4	2	12	18	1	zu	5
2	4	8	14	28	1	zu	3,7
3	6	2	15	45	1	zu	10,25
4	8	2	40	48	1	zu	8,6
5	8	4	30	42	1	zu	4
6	8	8	24	48	1	zu	5
7	12	2	40	45	1	zu	5,4
8	12	12	36	72	1	zu	5
9	13	2	42	48	1	zu	5,4
10	18	8	29	53	1	zu	3,1

Vgl. Eifler et al. 2015, Tabelle 5

Tabelle 2 Anzahl der Anbieter nach dem Umfang der Präsenzzeiten in SWS bei Datenerhebung, Datenanalyse und Lehrforschung gemäß der Beschreibung in den Modulhandbüchern

	Präsenzzeiten in SWS						Universitäten
Lehrbereich	0	1[4]	2	4	5-6	7-8	10	N
Datenerhebung	11	2	9	4				26
Datenanalyse	5	2	8	8	1	2		26
Lehrforschung	5		6	5	5	4	1	26

Vgl. Eifler et al. 2015, Tabellen 8 bis 10

---

4 In zwei Fällen wird „Datenerhebung" und „Datenanalyse" in einer gemeinsamen Veranstaltung angeboten und daher hier jeweils mit einem Präsenzanteil von einer Semesterwochenstunde gerechnet

Betrachtet man den Input an Lehre, ausgewiesen über die vorgesehenen Präsenzzeiten in den Lehrveranstaltungen, und berücksichtigt man das sehr heterogene Vorwissen der Studierenden, dann ist es eigentlich unverständlich, dass einzelne Master-Studiengänge nicht in allen Lehrbereichen Veranstaltungen anbieten. Besonders auffällig wird dieses im Lehrbereich der Datenerhebung, da Grundkenntnisse in diesem Bereich Voraussetzung sind, um die Qualität von Analyseergebnissen einordnen zu können. Auch eine einzige gemeinsame Vorlesung zu Datenerhebung und Datenanalyse kann bestenfalls ein Auffrischen jedoch keinen zusätzlichen Lehr-Input darstellen. Eine zweistündige Veranstaltung jeweils in Datenerhebung und Datenanalyse reicht vielleicht, um alle Teilnehmenden auf ein Niveau zu heben. Erst ab der zweiten Veranstaltung pro Lehrbereich kann neuer Lernstoff vermittelt werden. Positiv zu sehen ist, dass 21 Universitäten Lehrforschung in einem mehr oder minder großen Umfang anbieten. Allerdings setzt ein Lehrforschungsprojekt umfangreiche Methodenkenntnisse in Datenerhebung und Datenanalyse (quantitativ) bzw. Dateninterpretation (qualitativ) voraus, die vorab vermittelt bzw. überprüft werden müssen.

Aber dennoch entspricht das Lehrangebot in seinem Umfang weitgehend den Empfehlungen der DGS. Die DGS (2006) hat (allerdings für den Bachelor-Studiengang) den Anteil der „Soziologie" im Studiengang „Soziologie" auf 70 Prozent des Gesamtumfangs des Studiums festgesetzt. Von diesem Soziologie-Anteil sollten 20 Prozent auf die „Methoden" entfallen. Umgerechnet in Credit Points bedeutet dieses 16,8 Punkte. Überträgt man dieses Verhältnis auf den Master-Studiengang „Soziologie", so zeigt sich, dass nur fünf Master-Studiengänge diesen Anteil im Pflichtprogramm nicht erreichen. Beziehet man das Wahlpflichtprogramm mit ein, so bleiben zwei Universitäten unter dieser Grenze. Zehn Studiengänge erreichen sogar die 40 Prozent-Marke im „Methoden"-Angebot.

Fazit

Als Fazit muss festgehalten werden:
1) Die Methodenausbildung in den Bachelor-Studiengängen „Soziologie" und „Sozialwissenschaften" variiert von Universität zu Universität. Die Lehre erfolgt in unterschiedlichem Umfang und mit unterschiedlicher Intensität und unterschiedlicher Schwerpunktsetzung. Das Verhält-

nis von Input durch die Lehrenden zu Selbststudium ist abhängig vom anbietenden Institut. Nur ein gutes Drittel der Anbieter lehrt Methoden im von der Deutschen Gesellschaft für Soziologie, der Standesorganisation der Soziologen empfohlenen Umfang. Hinzu kommt, dass die Präsenz der Studierenden in den Pflichtveranstaltungen nicht effektiv überprüft werden kann. Und die Erfahrungen der Lehrenden zeigen, dass die Anzahl der Teilnehmenden in den großen Lehrveranstaltungen nach den ersten Stunden sehr schnell sehr stark abnimmt. Damit ist das erlernte Wissen in Abhängigkeit von dem den Bachelor-Studiengang anbietenden Institut sehr heterogen.

2) Auch über die Re-Akkreditierung der Studiengänge hat sich im Zeitraum von 2009/2010 zu 2014/2015 nur wenig in den Bachelor-Studiengängen geändert. Es wurden keine Negativerfahrungen aus unkontrollierbarer Teilnahme und heterogenen Wissensvoraussetzungen beim Einstieg in den Master-Studiengang bei der Re-Akkreditierung berücksichtigt. Auch das Missverhältnis von Input zu Selbststudium hat sich nicht verbessert. Allein der Anteil der Lehrforschung hat zugenommen.

3) Da die sich für den Master-Studiengang „Soziologie" Bewerbenden nicht nur von der eigenen Universität kommen, sondern sehr unterschiedlich gestaltete Bachelor-Studiengänge durchlaufen haben, teils sogar fachfremd sind, ist diese Gruppe in ihrem Vorwissen, das heißt mit dem im Bachelor-Studiengang Erlernten sehr heterogen. Die Zulassung zum Master-Studiengang „Soziologie" müsste über eine Aufnahmeprüfung gesteuert werden oder es müssten dem Master-Studiengang Aufbaukurse zumindest in „Methoden" vorgeschaltet werden.

4) Ein Aufarbeiten der Defizite aus der Methodenausbildung im Bachelor-Studiengang kann nur an wenigen Universitäten durchgeführt werden, indem die Masterstudierenden zu einem Besuch der einschlägigen Kurse im dortigen Bachelor-Studiengang verpflichtet werden. In den meisten Fällen fehlen – möglicherweise ressourcenbedingt – die notwendigen Angebote.

5) In einigen Master-Studiengängen „Soziologie" wird ein größeres Programm an Methodenausbildung durchgezogen, das durch Wahlpflichtveranstaltungen noch ergänzt werden kann. An anderen Universitäten ist die Methodenausbildung stark reduziert oder sehr auf einen metho-

dischen Bereich fixiert. Letzteres geht vor allem zu Lasten der Beschäftigung mit der Datenerhebung bei Umfragen (siehe Tabelle 2).

6) Auch die sehr spezialisierten Master-Studiengänge zu „Soziologie mit Schwerpunkt Methoden" oder gar zu „Methoden" selbst, sind zu sehr auf einen Schwerpunkt fixiert. Auch ein Spezialist für die Datenanalyse muss wissen, wie die Daten erhoben worden sind, um deren Qualität einschätzen zu können.

Hatte man beim Diplom-Soziologen noch eine Vorstellung was die Studienabsolventen an Methodenkenntnissen mitbringen können sollten, so ist dieses bei Bachelor und Master in „Soziologie" nicht mehr möglich: die Ausbildung ist sehr heterogen. In manchen Fällen können das Angebot und dessen Umsetzung exzellent sein, in anderen ist es rudimentär oder partiell nicht vorhanden.

Literatur

Deutsche Gesellschaft für Soziologie (2006). Empfehlungen der DGS zur Ausgestaltung soziologischer Bachelor- und Master-Studiengänge. *Soziologie: Forum der Deutschen Gesellschaft für Soziologie 35, 1,* 80-84.

Eifler, S., Hoffmeyer-Zlotnik, J. H. P., & Krebs, D. (2011). Die Methodenausbildung in sozialwissenschaftlichen BA-Studiengängen. Bestandsaufnahme und Vorschläge. *Soziologie: Forum der Deutschen Gesellschaft für Soziologie 40, 4,* 443-465.

Eifler, S., Hoffmeyer-Zlotnik, J. H. P., & Krebs, D. (2015). Die Methodenausbildung in soziologischen MA-Studiengängen: Bestandsaufnahme und Diskussion. *Soziologie: Forum der Deutschen Gesellschaft für Soziologie 44, 3,* 292-313.

Fuchs-Heinritz, W., Lautmann, R., Rammstedt O., & Wienold, H. (Hrsg.). (1995). *Lexikon zur Soziologie,* 3. Völlig neu bearbeitete und erweiterte Auflage. Wiesbaden: Westdeutscher Verlag.

Goethe-Universität Frankfurt am Main. (2009). Ordnung des Fachbereichs Gesellschaftswissenschaften der Johann Wolfgang Goethe-Universität für den Bachelorstudiengang Soziologie mit dem Abschluss „Bachelor of Arts" (B.A.) vom 05.05.2008. UniReport vom 30. Oktober 2009.

http://www.satzung.uni-frankfurt.de/2009/Ver__ffentlichung_BA_ Soziologie_Hauptfach_26_10_09.pdf. Zugegriffen: 01.06.2015

Institut für Soziologie, Albert-Ludwigs-Universität Freiburg. (2015a). Bachelor of Arts in Soziologie. https://www.soziologie.uni-freiburg.de/studium/studiengaenge/bahauptfach. Zugegriffen: 01.06.2015

Institut für Soziologie, Albert-Ludwigs-Universität Freiburg. (2015b). Master of Arts. Gegenstand und Ziele des Masterstudienganges Soziologie. https://www.soziologie.uni-freiburg.de/studium/studiengaenge/copy_of_masoziologie. Zugegriffen: 01.06.2015

Institut für Soziologie, Friedrich-Alexander-Universität Erlangen-Nürnberg. (2011). Vorbemerkung zum Masterstudiengang. http://www.soziologie.phil.uni-erlangen.de/studium/studiengaenge/master-soziologie/vorbemerkungen. Zugegriffen: 01.06.2015

Kultusministerkonferenz (KMK). (2000). Rahmenvorgaben für die Einführung von Leistungspunktsystemen und die Modularisierung von Studiengängen (Beschluss der Kultusministerkonferenz vom 15.09.2000) http://www.kmk.org/fileadmin/pdf/PresseUndAktuelles/2000/module.pdf. Zugegriffen: 01.06.2015

Rehberg, K.-S. (2003). DGS-Empfehlung zur Methodenausbildung. *Soziologie: Forum der Deutschen Gesellschaft für Soziologie 32, 4*, 69-76.

Anforderungen an Hochschulabsolventen
oder: was Mitarbeiter in einem empirisch ausgerichteten Forschungsprojekt können sollten?

Ulrich Kohler
Universität Potsdam

1 Einleitung

Was sollten Mitarbeiter in einem empirisch ausgerichteten Forschungsprojekt können, und welche Kernkompetenzen sollte die Ausbildung an den Universitäten daher vermitteln? Die Antworten auf diese Fragen hängen – wie sollte es anders sein – von der inhaltlichen Fragestellung und methodischen Ausrichtung des jeweiligen Forschungsprojektes ab. Natürlich sollten Projektmitarbeiter über Vorkenntnisse zum Forschungsthema verfügen. Natürlich sollten Kenntnisse des projektspezifischen (statistischen) Methodenarsenals vorliegen. Natürlich sollten – jedenfalls sofern mit komplexen Sekundärdaten gearbeitet wird – Erfahrungen im Umgang mit den projektbezogenen Datensätzen vorliegen. Und natürlich sollten die Bewerber diejenige Datenanalyse-Software kennen, die auch von den übrigen Projektmitarbeitern verwendet wird.

Aus den spezifischen Anforderungen hinsichtlich Forschungsthemen, statistischen Methoden, Datensätzen und Software ergeben sich zahlreiche Anforderungsprofile. Forschungsprojekte suchen daher fast immer nach Mitarbeitern mit einer spezifischen Kombination von Kompetenzen, oder, anders formuliert, Forschungsprojekte benötigen häufig Mitarbeiter mit einer hoch spezialisierten Nischenkompetenz. Ein diversifiziertes Hochschulsystem, bei dem die Studierenden nach einer soliden Grundausbildung ihren Fähigkeiten und Neigungen folgend ihre persönliche Nische finden, ist daher sicher nicht die Schlechteste aller Vorraussetzungen um die benötigten Spezialisten auszubilden.

Das gerade skizzierte Hochschulsystem birgt aber auch das Risiko, Hochschulabsolventen zu *produzieren*, deren Nischenkompetenz nur selten oder gar nicht benötigt wird. Dieses Risiko kann nur dadurch minimiert werden, dass die *hochspezialisierten Fachkräfte* auch über eine allgemeine Problemlösungskapazität verfügen, die es ihnen erlaubt, sich rasch in neue Themen, neue statistische Verfahren, andere Datensätze und andere Software einzuarbeiten. Im Folgenden soll daher der Frage nachgegangen werden, welche Kompetenzen für eine solche allgemeine Problemlösungskapazität notwendig sind.

Die Antwort erfolgt unter zwei Prämissen: *Erstens* gehe ich davon aus, dass die meisten sozialwissenschaftlichen Forschungsprojekte keine eigenen Daten erheben. Dies ist realistisch, da der Großteil der wissenschaftlichen Publikationen in Soziologie, Politikwissenschaft und Volkswirtschaftslehre auf Sekundäranalysen vorhandener Daten basieren. Und dies ist sinnvoll, da aus methodischer Sicht die Anzahl von Umfrageprojekten begrenzt werden sollte (Schnell 2012). *Zweitens* konzentriere ich mich auf Kernkompetenzen im Bereich der quantitativen Datenanalyse. Nicht behandelt werden Kompetenzen inhaltlicher Art und Kompetenzen in qualitativer Sozialforschung.

Im Folgenden werde ich die These vertreten, dass für eine allgemeine quantitativ empirische Problemlösungskapazität drei Grundfertigkeiten – *Abilities* – vorliegen müssen, die ich als „Datability", „Compability" und „Stability" bezeichne. Datability – eine Wortschöpfung aus „Daten" und „Ability" – bezeichnet grundlegende Fähigkeiten im Datenmanagement. Compability, gebildet aus „Computer" und „Ability", bezeichnet ein grundlegendes Verständnis für den Umgang mit dem Computer. Statability, „Statistik" und „Ability", ist entsprechend das grundlegende Verständnis für statistische Verfahren. Im folgenden werden die drei *Abilities* näher beschrieben.

2 Datability

Datability ist, wie oben erwähnt, die grundlegende Fähigkeit im Umgang mit Daten. Dabei schränke ich ein: Gemeint ist hier nur die grundlegende Fähigkeit im Umgang mit strukturierten Daten. Semistrukturierte Daten (XML, JSON), wie sie häufig in der *Big-Data-Welt* auftreten, werden in Abschnitt 3 zur Compability eine Rolle spielen.

In Lehrbüchern und Lehrveranstaltungen zur Datenanalyse wird häufig eine statische Konzeption von Daten vermittelt. Nach dieser statischen Konzeption wird z.B. zwischen Aggregatdaten und Individualdaten, zwischen Querschnittsdaten und Längsschnittsdaten (Paneldaten), oder zwischen Uni-Level und Multi-Level-Daten unterschieden. Häufig werden mit der Festlegung der Datenstruktur die anzuwendenden statistischen Verfahren präjudiziert. So sollen für Paneldaten Panelanalysen verwendet werden oder für Multi-Level-Daten Mehrebenenmodelle. Ich halte diese statische Sichtweise für irreführend und schlage stattdessen ein dynamisches Datenkonzept vor. Nach dieser Konzeption haben Daten drei Eigenschaften: das *Datenformat*, den *Beobachtungstyp* und den *Organisationstyp*. Die drei Eigenschaften sind dabei keine inhärente Eigenschaften der Daten selbst, sondern sie werden vom Nutzer der Daten festgelegt. Auch können die Eigenschaften der Daten zu jeder Zeit neu festgelegt werden. Datability ist das Wissen um diese Wandelbarkeit von Daten und die Intuition zur Nutzung der Wandelbarkeit von Daten für das Datenmanagement.

Im Folgenden soll zunächst die dynamische Konzeption von Datensätzen näher erläutert werden. Danach werden einige Behauptungen zur Datability aufgestellt.

2.1 Dynamische Konzeption strukturierter Daten

2.1.1 Datenformat

Strukturierte Daten haben eine formale Struktur, die häufig als Tabelle mit Zeilen und Spalten illustriert wird. Etwas allgemeiner ist es, wenn man sich strukturierte Datensätze als Zeichenfolgen vorstellt, bei denen zwei bestimmte Zeichen (oder Zeichenfolgen) eine besondere Bedeutung haben. Das erste Zeichen trennt die „Datensätze" („records"; in Umfragedaten: die Befragten), das zweite Zeichen trennt die „Attribute" eines Datensatzes (in Umfragedaten: die Antworten der Befragten auf die Fragen). Die verwendeten Trennzeichen für die Untersuchungseinheiten bzw. Attribute legen das Datenformat fest. Übliche Trennzeichen für die Attribute sind Kommas („Comma Separated Values", CSV), Tabulatoren („Tab separated Values", TSV) oder Semikolons. Als Trennzeichen für die Datensätze wird fast immer der Zeilenumbruch[1] verwendet. In Datenanalyseprogrammen wird das Datenformat vor dem Anwender verborgen und statt dessen verschiedene Schnittstellen zu den Daten bereitgestellt; am häufigsten geschieht dies in Form einer Tabelle.

Die verschiedenen Datenformate können in aller Regel einfach ineinander überführt werden. Da das Datenformat keinerlei inhaltliche Relevanz hat, wird hier nicht näher darauf eingegangen.

2.1.2 Beobachtungstyp

Der Beobachtungstyp ist die inhaltliche Bedeutung der einzelnen Datensätze (d.h. der Zeilen). Zentrale These der hier vorgeschlagenen dynamischen Datenkonzeption ist, dass der Beobachtungstyp keine Eigenschaft der Daten darstellt, sondern durch die Fragestellung festgelegt wird, die mit den jeweiligen Daten untersucht wird. Dies soll im Folgenden an Hand zweier Beispiele verdeutlicht werden.

Tabelle 1 Lebenszufriedenheit und Demokratiequalität in 7 Ländern

Land	Leb.Zuf	Demok. Qual.
Portugal	4	0
USA	0	1
Ghana	2	2
Algerien	2	1
Frankreich	0	1
Brasilien	1	7
Argentinien	1	0

---

1 Zeilenumbrüche werden auf den verschiedenen Plattformen unterschiedlich kodiert. Unter Unix/Linux/Mac OS X wird das Zeichen für den sog. Zeilenvorschub (engl. „Line Feed", LF) verwendet, während unter Windows-Rechnern eine Kombination aus dem sog. Wagenrücklauf (engl. „Carriage Return, CR") und dem Zeilenvorschub verwendet wird. Dies führt manchmal zu Kompatibilitätsproblemen.

Tabelle 1 zeigt (fiktive) Daten der durchschnittlichen Lebenszufriedenheit und Demokratiequalität von sieben Ländern. Nach dem statischen Datenkonzept handelt es sich hierbei um Aggregatdaten. Nach dem dynamischen Konzept ist die Frage, ob es sich bei den Daten um Aggregat- oder Individualdaten handelt dagegen keine Eigenschaft der Daten selbst, sondern eine Funktion der Fragestellung, die an die Daten angelegt wird. Dies ist recht offensichtlich bei den beiden in Tabelle 1 enthaltenen Variablen: Die Variable „durchschnittliche Lebenszufriedenheit" enthält eine beschreibende Statistik (das arithm. Mittel) der individuellen Lebenszufriedenheiten der Bewohner der jeweiligen Länder. Die individuellen Lebenszufriedenheiten können innerhalb der Länder variieren. Anders die Demokratiequalität. Die Demokratiequalität ist eine Eigenschaft der Länder als Ganzes, d.h. alle Bewohner eines Landes haben dieselbe Demokratiequalität. Forscher, welche Aussagen über die Lebenszufriedenheit treffen wollen, werden die Daten daher in der Regel als Aggregatdaten betrachten, während Forscher, welche die Demokratiequalität untersuchen, die Daten wie Individualdaten betrachten können.

Praktische Relevanz hat dies z.B. für die Gewichtung. Möchte man mit Hilfe der vorliegenden Daten die durchschnittliche Lebenszufriedenheit der Gesamtbevölkerung der sieben Länder schätzen, müssen die Daten mit der Bevölkerungsgröße gewichtet werden. Interessiert man sich dagegen für die durchschnittliche Demokratiequalität in dem durch die sieben Länder definierten Raum, so darf nicht gewichtet werden. Das Beispiel sollte allerdings nicht dazu verleiten, Daten, die aus Individualdaten aggregiert werden, stets zu gewichten, bzw. Daten, die innerhalb einer Beobachtungseinheit nicht variieren können, niemals zu gewichten. Auch dies hängt von der Fragestellung ab. Möchte man z.B. an Hand der Daten von Tabelle 1 abschätzen, wie groß der Anteil von Bürgern ist, die in einer Umgebung mit guter Demokratiequalität leben, so muss gewichtet werden. Umgekehrt kann man die durchschnittliche Lebenszufriedenheit als eine Proxy-Variable für die generelle Lebensqualität in einem Land ansehen, welche dann ihrerseits innerhalb eines Landes konstant wäre. Fragt man dann nach der durchschnittlichen Lebensqualität des durch die sieben Länder abgegrenzten Raumes, darf wiederum nicht gewichtet werden.

Ein anderes Beispiel. Tabelle 2 zeigt Daten über Schulnoten und Lernaufwand von zwei (fiktiven) Personen – Stan und Oliver – für den Zeitraum von 2010 bis 2012. Kenner werden die Daten unschwer als *Paneldaten* identifizieren, da Stan und Oliver über einen längeren Zeitraum mehrmals beobachtet wurden. Müssen Wissenschaftler zur Verwendung dieser Daten daher die Methoden der Panelanalyse beherrschen?

Tabelle 2 Schulnoten und Lernaufwand von Stan und Oliver für den Zeitraum 2010–2012

Schüler	Jahr	Note	Lernaufw.
Stan	2010	1	3
Stan	2011	3	1
Stan	2012	5	1
Oliver	2010	2	5
Oliver	2011	1	4
Oliver	2012	3	7

Natürlich nicht, denn erst die Fragestellung definiert den Beobachtungstyp. Die erste mögliche Fragestellung, die mit den Daten beantwortet werden kann, lautet: *Ist Stan klüger als Oliver?* Zur Antwort auf diese Frage enthalten die Daten eine Vielzahl von Beobachtungen. Erstens die Beobachtungen von 2010: Hier ist Stan klüger, da er die Note 1 hat und Oliver nur eine 2. Zweitens die Beobachtungen von 2011: Hier ist Oliver der Klügere. Drittens die Beobachtungen von 2012, wiederum mit Oliver als dem Klügeren. Viertens könnte man sowohl für Oliver, als auch für Stan die Durchschnittsnoten über den gesamten Beobachtungszeitraum ermitteln und miteinander vergleichen. Dann ist Oliver (Durchschnittsnote 2) abermals klüger als Stan (Durchschnittsnote 3). Für die hier betrachtete Fragestellung liefern die Daten drei Querschnittsdatensätze und einen Aggregatdatensatz. Die Beobachtungstypen sind entsprechend Personen oder Personenaggregate.

Die zweite mögliche Fragestellung lautet: *Bringt Lernen Erfolg?* Betrachtet man sich hierfür zunächst nur die Daten von Stan, lässt sich leicht feststellen, dass dies offenbar der Fall ist. In dem Jahr, in dem Stan höheren Lernaufwand betrieben hat, war seine Note am Besten. Bei Oliver sieht es allerdings anders aus: Je höher sein Lernaufwand, desto schlechter seine

Noten.[2] Zur Beantwortung der vorliegenden Fragestellung wurden die Daten offensichtlich anders verwendet als im letzten Absatz. Wir verwenden hier die Beobachtungen innerhalb von Personen zur Beantwortung der Forschungsfrage. Die Beobachtungstypen sind Personenjahre.

Ein dritte mögliche Fragestellung lautet: *Werden Schüler fauler?* Bei Stan ist dies offenbar der Fall, denn er lernt viel zu Beginn des Untersuchungszeitraums und später fast nichts mehr. Anders Oliver: er steigert seinen Lernaufwand im Zeitverlauf. Analysiert man die Daten vor dem Hintergrund der hier vorgelegten Fragestellung sind die Beobachtungen als Zeitpunkte zu verstehen.

2.1.3 Organisationstyp

Der Organisationstyp von (strukturierten) Daten ergibt sich aus der spezifischen Anordnung der Datensätze und Attribute, aus der Art wie mit identischen Datensätzen umgegangen wird und aus der Menge der Dateien, die zum Speichern der Daten verwendet werden.

Im Folgenden soll zunächst eine wichtige Variation der Anordnung der Datensätze und Attribute besprochen werden. Tabelle 3 zeigt zwei unterschiedliche Anordnungen von (fiktiven) Daten einer Itembatterie aus einer Umfrage zu den Sorgen über zukünftige Entwicklungen. Die beiden Befragten der Umfrage wurden danach gefragt, wie groß ihre Sorgen über ihre eigene wirtschaftliche Entwicklung (Sorgen 1), über die allgemeine wirtschaftliche Entwicklung (Sorgen 2) und über den Klimawandel (Sorgen 3) sind. Tabelle 3a zeigt die Anordnung in einem breiten Format, bei dem die Antworten auf die drei Items nebeneinander angeordnet werden. Die Datensätze (Zeilen) der Daten beziehen sich jeweils auf einen Befragten. Tabelle 3b zeigt dieselben Daten in einem langen Format. Hier werden die Antworten zu den drei Items untereinander in einer einzigen Spalte angeordnet. Eine neu aufgenommene Spalte „Item Nr." definiert das Item, auf das sich die jeweilige Angabe bezieht. Die einzelnen Datensätze (Zeilen) zeigen jeweils nur ein Item eines Befragten.

---

2 Nur wenn sich Stan und Oliver, abgesehen vom Lernaufwand, wenig unterscheiden (z.B. weil sie eineiige Zwillinge sind), ist es zulässig, die Frage wie im vorangegangenen Beispiel durch einen Vergleich von Stan und Oliver zu beantworten.

Tabelle 3 Daten einer Itembatterie zu den Sorgen über zukünftige Entwicklungen in breiter und langer Anordnung

(a) breites Format

Person	Sorgen 1	Sorgen 2	Sorgen 3
Oliver	2	1	3
Stan	1	3	5

(b) langes Format

Person	Item-Nr.	Sorgen
Stan	1	1
Stan	2	3
Stan	3	5
Oliver	1	2
Oliver	2	1
Oliver	3	3

Der Informationsgehalt der beiden hier gezeigten Anordnungen ist völlig identisch. Die beiden Organisationstypen lassen sich einfach und ohne Informationsverlust ineinander überführen. Dennoch sind die praktischen Konsequenzen der unterschiedlichen Anordnung enorm. Je nach inhaltlicher Fragestellung ist entweder das breite oder das lange Format vorteilhaft. Die Forschungsfrage „Korrelieren die Sorgen über die eigene und allgemeine zukünftige Entwicklung?" lässt sich einfacher mit dem breiten Organisationstyp bearbeiten. Anders die Fragestellung „Hängen die Antworten auf die Items zu den Sorgen von der Frage ab?" Diese Frage erfordert den langen Organisationstyp. Auch viele Datenmanagementaufgaben lassen sich besser in dem einen als in dem anderen Organisationstyp erledigen. Beispiel: Ein additiver Index der Sorgen-Items ist trivial im breiten Format. Die Identifikation des Items, zu dem ein Befragter die größten Sorgen geäußert hat, ist im langen Format einfacher.[3]

---

3 Die Aussage bezieht sich auf Software, die dem Nutzer Variablennamen als Schnittstelle zu den Spalten der Daten zur Verfügung stellt (z.B. SPSS, SAS, Stata). Bei Programmiersprachen (R, Mata) ist der Organisationstyp eher von geringer Bedeutung. In derartigen Programmiersprachen sind alle Datenmanagementaufgaben unabhängig vom Organisationstyp gleich einfach – oder gleich schwer.

Das zweite Unterscheidungsmerkmal des Organisationstyps ergibt sich aus dem Umgang mit identischen Datensätzen (Zeilen). Zur Erläuterung dieses Unterscheidungsmerkmals dient Tabelle 4. Sie zeigt (fiktive) Daten zur Nationalität und Gruppenzugehörigkeit von acht Personen. Tabelle 4a zeigt die Daten mit einem Datensatz pro Person, Tabelle 4b zeigt eine häufigkeitsgewichtete Version der Daten. Diese Daten enthalten jeweils nur einen Datensatz für jede Kombination aus Nationalität und Mitgliedschaft. Zusätzlich wurde eine Variable aufgenommen, die angibt, wie häufig die Kombination vorkommt.

Tabelle 4 Daten von Personen über deren Nationalität und Migliedschaft zu einer Gruppe

(a) Single record

Person	Land	Mitglied
Philip	DE	1
Bastian	DE	1
Franz	DE	0
Frank	FR	1
Bixente	FR	0
Marc	NL	0
Roy	NL	0
Arjen	NL	1

(b) Häufigk.-gewichtet

Land	Mitglied	n
DE	0	1
DE	1	2
FR	0	1
FR	1	1
NL	0	2
NL	1	1

Der Informationsgehalt der beiden hier gezeigten Organisationstypen ist nahezu identisch.[4] Die beiden Daten lassen sich einfach und (fast) ohne Informationsverlust ineinander überführen. Praktisch alle Analysen der Variablen Nationalität und Mitgliedschaft lassen sich mit beiden Daten durchführen. Die Ergebnisse sind identisch, wenn die Analysen auf Basis von Tabelle 4b mit der Spalte n gewichtet werden.

Die relativen Vorteile der beiden Organisationstypen liegen auf der Hand. Die Single-Record-Daten sind einfach zu verwenden, benötigen aber viele Ressourcen. Die häufigkeitsgewichteten Daten sind, da sie eine Gewichtung erfordern, etwas schwieriger in der praktischen Anwendung; teilweise lassen statistische Verfahren die Verwendung von Gewichten auch gar nicht zu. Der Vorteil der Häufigkeitsgewichtung ist, dass sie sparsamer mit Rechner-Ressourcen umgehen. Dies ist insbesondere bei der Verwendung großer und sehr großer Datensätze von Vorteil.

Das dritte Unterscheidungsmerkmal des Organisationstyps ist, ob die Daten in einer einzigen Tabelle bzw. Datei gespeichert sind, oder auf mehrere miteinander verknüpfte Tabellen bzw. Dateien verteilt werden, wie es in relationalen Datenbanken üblich ist (sog. „Normalisierung"). Ein Beispiel für die beiden Organisationstypen zeigt Tabelle 5: Tabelle 5a zeigt die Organisation in einem einfachen Rechteckfile. Die Daten entsprechen den Daten von Tabelle 4 mit zusätzlicher Aufnahme einer Variable – „WM" – die für alle Datensätze (Zeilen) aus einem Land identische Werte aufweist. Tabelle 5b zeigt dieselben Daten als relationale Datenbank. Die Daten sind nun in drei Tabellen aufgeteilt. Die Tabelle in der Mitte enthält die Daten, die sich auf die Personen beziehen, die Tabelle auf der rechten Seite enthält die Daten, die sich auf die Länder beziehen. Mit Hilfe der Tabelle auf der linken Seite können die Länderdaten und die Personendaten verknüpft werden.

---

4 Tabelle 4b führt gegenüber Tabelle 4a zu einem Informationsverlust, da die Namen der Personen im häufigkeitsgewichteten Datensatz nicht gespeichert werden. In der Praxis führt dies dazu, dass den Datensätzen keine weiteren personenbezogenen Daten zugespielt werden können.

Tabelle 5 Datenorganisation in einen einfachen Rechteckfile bzw. einem relationalen Datenschema

(a) Rechteckfile

Person	Nationalität	Mitglied	WM
Philip	DE	1	4
Bastian	DE	1	4
Franz	DE	0	4
⋮	⋮	⋮	⋮
Arjen	NL	1	0

(b) Relationales Datenschema

Person	Nationalität
Philip	DE
Bastian	DE
Franz	DE
Frank	FR
Bixente	FR
Marc	NL
Roy	NL
Arjen	NL

Person	Mitglied
Philip	1
Bastian	1
Franz	0
Frank	1
Bixente	0
Marc	0
Roy	0
Arjen	1

Land	WM
DE	4
FR	1
NL	0

Ein Vorteil des relationalen Datenschemas ist der sparsame Umgang mit Ressourcen, da Redundanzen vermieden werden. Im vorliegenden Beispiel lässt sich dies daran ablesen, dass nur drei Zeilen für die in WM gespeicherte Information benötigt werden, während im Rechteckfile 8 Zeilen benötigt werden. Abhängig von der Fragestellung können Daten aus relationalen Datenbanken auch praktische Vorteile aufweisen. Im vorliegenden Fall könnten z.B. alle Fragestellungen, die sich ausschließlich auf die Länder beziehen, unmittelbar mit der Ländertabelle durchgeführt werden. Im Rechteckfile werden dagegen Länder, für die mehrere Personen beobachtet werden, höher gewichtet als Länder mit weniger Beobachtungen. Bei Fragestellungen, die sich auf die Länder beziehen, muss dies zunächst korrigiert werden – etwa indem ein reiner Länderdatensatz erstellt wird.[5]

2.2 Zur Bedeutung von Datability

Datability ist das Wissen um Wandelbarkeit von Daten und die Intuition zur Nutzung dieser Wandelbarkeit für die eigene Forschung. Datability hilft, einfache Lösungen für schwierige *Datenmanagement*-Probleme zu finden. Datability hilft *Ressourcen* – Speicherkapazität, Rechenzeit, Bandbreite – zu sparen. Sie hilft die optimale *Datenstruktur* für die eigene Fragestellung festzulegen und umzusetzen. Und nicht zuletzt, hilft die Datability zusätzliche „testbare Implikationen" (King et al. 1994) einer Theorie in den vorhandenen Daten zu finden.

Datenmanagement ist für alle empirischen Forschungsprojekte elementar. Es gibt keine ernst zu nehmende Datenanalyse, bei der nicht im Vorfeld umfangreiche Datenmanagement-Aufgaben zu erledigen sind. Praktiker sind sich einig, dass das Datenmanagement der zeitaufwändigste und fehlerintensivste Teil der Datenanalyse ist. Viele dieser Datenmanagement-Aufgaben lassen sich einfach, leicht nachvollziehbar, ressourcenschonend und mit geringem Fehlerrisiko durchführen, wenn man das Datenschema des einfachen Rechteckfiles verlässt und andere Organisationstypen verwendet (siehe z.B. Kohler 2005). Optimale Lösungen findet nur, wer die verschiedenen Organisationstypen kennt und ineinander überführen kann.

---

5 Die Verwendung sog. Mehrebenenmodelle löst das Problem der impliziten Gewichtung nicht.

Der sparsame Umgang mit *Computer-Ressourcen* mag in Zeiten scheinbar unendlicher Hardware-Ressourcen anachronistisch wirken. Mindestens drei Gründe sprechen aber dafür, auch heute noch eine ressourcensparende Arbeitsweise zu pflegen. *Erstens* wächst nicht nur die Hardware-Ausstattung sondern auch die Größe der Datensätze – Stichwort: „Big-data". Schon bei der Analyse von Daten im Umfang etwa des Mikrozensus macht sich die Verwendung eines geschickt konstruierten häufigkeitsgewichteten Analysedatensatzes schnell in deutlich kürzeren Rechenzeiten bemerkbar. *Zweitens* sollte berücksichtigt werden, dass Daten oft vielfach über Computernetzwerke verteilt werden. Cloud Computing erhöht den Datentransfer im Internet erheblich, da die Daten ständig auf mehrere Computer synchronisiert werden.[6] Kleine Datensätze, die seltener modifiziert werden, senken den Datenverkehr um ein Vielfaches und helfen so Kosten zu sparen. *Drittens* führen ressourcensparende Arbeitsweisen auch zu valideren Ergebnissen. Lange Rechenzeiten führen im Allgemeinen dazu, dass die Anzahl der Variationen einer Datenanalyse reduziert werden und wichtige Analyseschritte wie z.B. die Regressionsdiagnostik ganz weggelassen werden. Wenn es durch geschicktes Datenmanagement gelingt, die Rechenzeiten zu verkürzen, werden Analysen zur Untersuchung der Robustheit der Befunde eher durchgeführt.

Viele Daten weisen leicht übersehbare Strukturen auf, die sich für spezifische Fragestellungen als Fehlerquelle bei der Auswertung erweisen. Ein Beispiel wurde oben eher beiläufig erwähnt: Die implizite Gewichtung von Ländern in Daten aus international vergleichenden Umfragen, bei denen die Anzahl der Befragten zwischen den Ländern variiert (vgl. S. 3). Diese implizite Gewichtung ist eine oft übersehene Eigenschaft dieser Daten. Sie wird in vielen Veröffentlichungen vollständig ignoriert, teilweise in dem Glauben durch die Verwendung von Mehrebenenmodellen alle Probleme von Multilevel-Daten berücksichtigt zu haben. Ob dies der Fall ist, hängt jedoch von der Fragestellung ab. Die statische Datenkonzeption, nach der international vergleichende Umfragen Multilevel-Daten sind, die mit Mehrebenenmodellen auszuwerten sind, führt allzu oft in die Irre. Nur wer gelernt hat,

---

6 An dieser Stelle ist darauf hinzuweisen, dass das Speichern von Umfragedaten bei bekannten Cloud-Anbietern nach deutschen Datenschutzrichtlinien häufig nicht zulässig ist. Eine häufig zulässige Alternative ist der Aufbau eines eigenen Cloud-Servers, z.B. mit der freien Software ownCloud (https://owncloud.org).

dass Datenstrukturen erst durch die Fragestellung definiert werden, wird derartige Fehler vermeiden.

Forschungsergebnisse sind stets unsicher und vorläufig. Wahre wissenschaftliche Erkenntnisse ergeben sich aus dem wissenschaftlichen Prozess von wiederholten Untersuchungen derselben Theorien mit anderen Methoden und Daten. Von großer Bedeutung für den wissenschaftlichen Fortschritt ist es, möglichst viele „testbare Implikationen" (King et al. 1994) einer Theorie zu untersuchen. Tatsächlich enthalten viele Datensätze mehrere Angebote, um dieselbe Fragestellung mehrmals in voneinander unabhängigen Daten zu untersuchen; bei der Diskussion zu Tabelle 2 finden sich einige Anregungen. Andere Beispiele finden sich in international vergleichenden Mikro-Datensätzen. In der Soziologie werden solche Daten häufig verwendet um „Variablen unterschiedlicher Ebenen simultan zu analysieren und dabei die verschiedenen Abhängigkeiten zwischen den Ebenen zu berücksichtigen" (Hox 1995, S. 7). Dies ist sicher lohnenswert. Aber die Daten bieten weitere Analysemöglichkeiten. Insbesondere erlauben sie die Untersuchung ein und derselben Mikro-Theorie in *jedem* der untersuchten Länder. Datability hilft, derartige Chancen zur Replikation in vorhandenen Daten zu erkennen.

3 Compability

Compability bezeichnet das grundlegende Verständnis für den Umgang mit dem Computer. Gemeint ist hiermit insbesondere das Wissen um Funktionen, die nicht nur in *einer* bestimmten Software zur Verfügung stehen, sondern entweder vom Betriebssystem bereitgestellt werden, oder in vergleichsweise ähnlicher Form in den meisten Anwendungen implementiert sind.

Beispielen für fehlende Compability begegnet man häufig. Zum Beispiel dem „Unlesbarkeitsproblem": es tritt auf, wenn ein Doppelklick auf einen Dateinamen im Dateimanager („Explorer") eine Datei nicht öffnet und die Datei deshalb für beschädigt, oder unlesbar gehalten wird. Paradoxerweise tritt das Unlesbarkeitsproblem besonders häufig bei reinen Textdateien auf, die sich gerade dadurch auszeichnen mit beliebiger Software lesbar zu sein.[7] Die Ursache für das Problem ist einerseits die Tatsache, dass derartige Dateien gerade nicht für eine bestimmte Anwendung gedacht sind, andererseits, dass reine Textdateien keine einheitlichen Dateiextensionen aufweisen.[8] Hochschulabsolventen und Kollegen, die dem Unlesbarkeitsproblem begegnen, offenbaren fehlendes Verständnis für die Bedeutung von Dateiextensionen, Textdateien und Dateiformaten.

Ein anderes Problem ist das „Private-File-System-Problem": dieses tritt auf, weil manche Anwendungen Pseudo-Dateisysteme[9] zum Ablegen der Dateien verwenden. Der physische Speicherort der Dateien im Dateisystem des Betriebssystems wird hierdurch verschleiert. Die Datei kann dann praktisch nur über die *App* selbst gefunden und geöffnet werden („Zuletzt verwendet ..."). Hinderlich ist dies immer dann, wenn eine Datei mit verschiedenen Programmen geöffnet und bearbeitet werden soll. Zur Abhilfe muss die Voreinstellung der jeweiligen Software umgangen werden und der physische Speicherort der Datei selbst gewählt werden. Voraussetzung hierfür sind grundlegende Kenntnisse des Aufbaus der Verzeichnisstruktur im Dateisystem des eigenen Betriebssystems.

Die beiden hier aufgeführten Beispiele sind elementarste Grundlagen der Compability. Man darf erwarten, dass die Mehrzahl der Hochschulabsolventen diese elementaren Grundlagen beherrschen. Empirische Sozialforscher sollten aber ein höheres Niveau aufweisen. Ich vertrete die Auffassung, dass empirische Sozialforscher grundlegende Programmierkenntnisse haben sollten. Damit ist ausdrücklich nicht gemeint, dass empirische Sozialforscher zu Informatikern ausgebildet werden sollen. In vielen Fällen

---

7   Physisch werden reine Textdateien binär gespeichert. Der Inhalt der Dateien wird aber für alle Anwendungen in Text umgewandelt, wobei bestimmte Regeln verwendet werden. Diese sog. Zeichencodierungen können sich unterscheiden. Am häufigsten ist die ASCII-Codierung. In der Windows-Welt ist zudem die ISO 8859-1 (Latin-1) Kodierung gebräuchlich. In jüngerer Zeit scheint sich Unicode durchzusetzen. Öffnet man eine Textdatei mit einer anderen Zeichencodierung als derjenigen, die zum Speichern verwendet wurde, werden Umlaute und Sonderzeichen falsch dargestellt.

8   Hier eine kurze, keineswegs vollständige Liste von Extensionen, denen man in der empirischen Sozialforschung häufiger begegnet: .ado, .csv, .dat, .do, .eps, .html, .inc, .json, .log, .mata, .raw, .raw, .r, .ss2, .syn, .tex, .tsv, .txt, .xml.

9   Ein eindrucksvolles Beispiel eines Pseudo-Dateisystem verwendet die Musik-Verwaltungs-Software von Apple.

reicht es aus, überhaupt nur zu wissen, dass auf einem Computer andere Werkzeuge als das bevorzugt genutzte Datenanalyseprogramm zur Verfügung stehen.

Die nachfolgend beschriebenen regulären Ausdrücke, Kommandozeilen-Befehle und Skriptsprachen sind als Beispiele zu verstehen. Bereits mit diesen drei, in wenigen Stunden erlernbaren Werkzeugen, lassen sich viele Probleme der Arbeit mit empirischen Daten effizient lösen. Illustriert werden soll dies am Beispiel des Umgangs mit einem semistrukturierten Datensatz. Die Nützlichkeit der beschriebenen Werkzeuge ist aber nicht auf semistrukturierte Daten beschränkt.

3.1 Semistrukturierte Daten

Semistrukturierte Daten sind Daten, deren Strukturen nicht durch ein Datenmodell (Tabelle mit Zeilen und Spalten) gekennzeichnet sind, sondern durch „Tags" oder „Marker", die Teil der Datei sind. Die Zuordnung einer Zeichenfolge einer Datei zu einem Attribut (einer *Variable*) wird ausschließlich durch die Markierung festgelegt – anders als bei strukturierten Daten spielt die Reihenfolge der Attribute eines Datensatzes also keine Rolle. Auch ist es möglich, dass in einem Datensatz ein Attribut nicht auftaucht, während bei strukturierten Daten ein fehlendes Attribut mit einem sog. „Missing Value" belegt werden muss. Abbildung 1 zeigt das Beispiel eines semistrukturierten Datensatz zur Beschreibung einer Person im JSON-Format (Wikipedia 2015).

```
{
 "firstName": "John",
 "lastName": "Smith",
 "isAlive": true,
 "age": 25,
 "address": {
  "streetAddress": "21 2nd Street",
  "city": "New York",
  "state": "NY",
  "postalCode": "10021-3100"
 },
 "children": [],
 "spouse": null
}
```

Abbildung 1 Beispiel eines semistrukturierten Datensatzes

Die Anzahl von semistrukturierten Daten hat durch die Verbreitung des Internets stark zugenommen, da Markup-Sprachen wie HTML oder XML, Emails oder Twitter-Tweets semistrukturierte Daten sind. Semistrukturierte Daten finden sich aber auch außerhalb des Internets, so z.B. in $\mathrm{L^{A}T_{E}X}$ oder $\mathrm{T_{E}X}$ Dateien sowie in Literaturdatenbanken ($\mathrm{B{\scriptsize IB}T_{E}X}$, Endnote). Semistrukturierte Daten stellen einen enormen Datenschatz für Sozialwissenschaftler bereit. Voraussetzung für deren Nutzung ist aber, dass diese mit vertretbarem Aufwand in die herkömmliche Datenanalyse-Software eingelesen werden können. Dies lässt sich mit den nachfolgend beschriebenen Werkzeugen auch ohne Kenntnis einer voll entwickelten Programmiersprache erreichen. Die vorgestellten Programmierwerkzeuge sind jedoch auch unabhängig von semistrukturierten Daten äußerst hilfreich.

3.2 Einfache Programmierwerkzeuge

3.2.1 Reguläre Ausdrücke

Reguläre Ausdrücke sind eine Technik zur Beschreibung von komplexen Suchmustern bei der Textsuche. Mit ihrer Hilfe ist es beispielsweise möglich, alle Wörter aus einer Wortliste herauszusuchen, die mit S beginnen und auf D enden, oder alle Zahlen in einer Datei zu finden. Reguläre Ausdrücke stehen auf allen Computern an vielen Stellen zur Verfügung, so z.B. in viele Skriptsprachen (Perl, Phyton, AWK), in den String-Funktionen von Datenanalyseprogrammen und in der „Suchen-und-Ersetzen-Funktion" von guten Texteditoren. Darüber hinaus gestatten auch die weiter unten beschriebenen Kommandozeilen-Befehle (Abschnitt 3.2.2) die Verwendung regulärer Ausdrücke. Als Werkzeuge zur Bearbeitung von semistrukturierten Daten sind reguläre Ausdrücke unverzichtbar, als Werkzeuge zum Datenmanagement strukturierter Daten und zum Bearbeiten von unstrukturierten Daten äußerst hilfreich.

Die Implementierungen von regulären Ausdrücken unterscheiden sich leicht zwischen Betriebssystemen, Programmiersprachen und Anwendungssoftware. Die nachfolgenden Beispiele beziehen sich auf die Implementierung im Texteditor „Emacs".

Verwendet man den regulären Ausdruck [0-9] zur Suche in einem Text, so findet dieser Ausdruck alle Ziffern im Text. Durch Erweiterung mit einem Plus, d.h. [0-9]+, werden alle Zahlen aus einer oder mehreren Ziffern gesucht. Mit [0-9]\{4\}+ werden vierstellige Zahlen gesucht.

Entsprechend dient [A-Za-z]+ dazu beliebig lange Zeichenketten aus Groß- und Kleinbuchstaben (ohne Umlaute) zu finden, während [A-Za-z]\{8\}+ nur diejenigen Zeichenketten aus Groß-und Kleinbuchstaben findet, die 8 Zeichen lang sind.

Umschließt man die gesuchte Zeichenkette mit der Zeichenfolge \(und \) wird die gefundene Zeichenkette gespeichert. Sie kann dann verwendet werden um eine Zeichenkette zu definieren, mit der die gefundene Zeichenkette ersetzt wird. Sucht man in einer Textdatei nach

```
\([0-9]\{4\}\)
```

und schreibt

```
Jahr: \1
```

in das Ersetzen-Feld der Suchen-Ersetzen-Funktion, so wird vor jede vierstellige Zahl die Zeichenkette „Jahr: " gesetzt.

Ein praxisnäheres Beispiel ist das Folgende:

```
Suchen nach:
\([0-9]+\),\([0-9]+\)
```

```
Ersetzen mit:
\1.\2
```

Dies ersetzt ein durch Zahlen eingeschlossenes Komma durch einen Punkt, d.h. das Komma als Dezimaltrennzeichen wird durch den Punk als Dezimaltrennzeichen ersetzt.

Ein weiteres Beispiel, welches sich auf die auf Seite 8 abgedruckte JSON-Datei bezieht:

```
Suchen nach:
.+: +\(.+\),*
```

```
Ersetzen mit:
\1
```

Dieser reguläre Ausdruck sucht nach einer Zeichenkette, die mit einer beliebigen Zeichenkette beginnt, (.+), gefolgt von einem Doppelpunkt und einer beliebigen Anzahl von Leerzeichen (: +), gefolgt von einer beliebigen Zeichenkette (.+) gefolgt durch ein Komma, welches aber auch fehlen kann (,*). Die gefundene Zeichenkette wird durch die in \(\) eingeschlossene

Zeichenkette ersetzt. Angewandt auf die Datei von Seite 58 wird hierdurch folgendes erreicht:

```
{
"John",
"Smith",
true,
25,
{
"21 2nd Street",
"New York",
"NY",
"10021-3100"
},
[],
null
}
```

Die Datei wird also von einem Großteil der JSON-Markierungen befreit. Durch ein darauf folgendes Ersetzen der diversen Sonderzeichen (]["{}" und dem Zeilenwechsel (^J) mit einem leeren String ...

```
Suchen nach:
[]["{}^J]+

Ersetzen durch:
```

erhält man einen strukturierten Datensatz im *Commas-Separated-Values*-Format, der mit beliebigen Datenanalyseprogrammen eingelesen werden kann:

```
John,Smith,true,25,21 2nd Street,New York,NY,10021-3100
,,null
```

Im vorliegenden Beispiel wurde ein semistrukturierter JSTON-Datensatz mit zwei simplen Suchen-Ersetzen-Befehlen eines herkömmlichen Texteditors in einen strukturierten Datensatz umgewandelt. Das Beispiel soll illustrieren, dass die Verwendung von semistrukturierten Daten keinesfalls fortgeschrittene Programmierkenntnisse erfordert. Professionelles Beherrschen der auf jedem Rechner verfügbaren Software genügt. Das Beispiel soll jedoch nicht darüber hinwegtäuschen, dass in realen semistrukturierten Daten weitere Problem enthalten sein können, die deutlich mehr Mühe bereiten. In vielen Fällen ist eine Kombination von regulären Ausdrücken und den nachfolgend beschriebenen Kommandozeilen-Befehlen hilfreich.

3.2.2 Kommandozeilen-Befehle

Kommandozeilen-Befehle sind kleine Programme, die über die Kommandozeile des Betriebssystems aufgerufen werden. Unter Windows 7 und höher geschieht dies über die „PowerShell" oder durch Installation der unter UNIX/Linux oder Mac OS X gebräuchlichen Bourne-Again-Shell.[10] Voraussetzung für die Nutzung der Kommandozeilen-Befehle ist, dass die dahinter liegenden Programme auf dem Computer installiert sind. Die verschiedenen Plattformen unterscheiden sich hinsichtlich der Vollständigkeit, mit der diese Tools bereits vorinstalliert sind. Während die Programme unter UNIX/Linux und Mac OS X in der Regel bereits vorhanden sind, müssen Sie unter Windows gegebenenfalls nachinstalliert werden.

Die nachfolgende Darstellung ist keine Einführung in die dargestellten Befehle. Die exakte Syntax der Befehle kann sich zwischen den Betriebssystemen leicht unterscheiden. Die Darstellung erhebt auch keinerlei Anspruch auf Vollständigkeit, sondern dient lediglich der Illustration der generellen Nützlichkeit von zwei ausgewählten Kommandozeilen-Befehlen. Für eine vertiefte Einführung der beiden Programme finden sich zahlreiche Tutorien und Beispiele im Internet.

Das Kommando `grep` dient dazu, in einer oder mehreren Dateien nach einem bestimmten Zeichenmuster zu suchen. Wird das Muster gefunden wird die Zeile, in der das Muster gefunden wird, ausgegeben. Im folgenden Beispiele wird `grep` dazu genutzt, aus allen Dateien mit der Extension `.json` diejenigen Zeilen auszugeben, in denen die Zeichenkette `Name` auftritt:

```
grep "Name" *.json
```

Wendet man diesen Befehl in einem Verzeichnis an, in dem die auf Seite 8 abgebildete JSON-Datei liegt erhält man folgende Ausgabe:

```
"firstName": "John",
"lastName": "Smith",
```

---

10 Download unter http://win-bash.sourceforge.net/

Wenn das Verzeichnis mehrere äquivalent aufgebaute JSON-Dateien enthält, oder die JSON-Datei mehrere Datensätze enthält, wird die Ausgabe entsprechend länger.

Generell können die Ausgaben von „grep", wie die der meisten Kommandozeilen-Befehle, mit dem Zeichen > in eine Datei umgeleitet werden. Der Befehl

```
grep "Name" *.json > names.txt
```

erstellt die Datei names.txt, die die oben gezeigte Ausgabe enthält. Auf diese Weise lässt sich mit nur einem Kommando eine Datei erstellen, welche alle Vor- und Nachnamen enthält, die in allen JSON-Dateien eines Verzeichnisses gespeichert sind.

Der grep-Befehl erlaubt zahlreiche Variationen. Insbesondere kann nach einem regulären Ausdruck (siehe Abschnitt 3.2.1) gesucht werden und die Ausgabe kann auf mehrere Zeilen in der Umgebung der gefundenen Stelle ausgedehnt werden.

Das Kommando sed (Stream Editor) dient dazu Texte mit einer Kommandozeile zu editieren. Mit Hilfe von sed können z.B. Zeichen aus einer Textdatei gelöscht, werden ohne die Datei mit einem Editor zu öffnen. Das folgende Beispiel erstellt eine Ausgabe des Inhalts der oben erstellten Datei names.txt, bei der alle Zeichenketten, die dem regulären Ausdruck "[A-Za-z]*": entsprechen, entfernt werden:

```
sed s/\"[A-Za-z]*\"://g names.txt
  "John",
  "Smith",
```

Wird der Befehl mit der Option -i verwendet, wird die Ausgabe direkt in die Eingabe-Datei geschrieben. Der Befehl

```
sed -i s/\"[A-Za-z]*\"://g names.txt
```

löscht daher alle Zeichenketten vor dem Doppelpunkt aus der Datei names.txt.

Auch das Kommando sed erlaubt zahlreiche Variationen. Insbesondere kann das Ersetzen einer Zeichenkette auf einen Bereich innerhalb einer Datei eingeschränkt werden. Der Bereich kann zum Beispiel durch Schlüsselbegriffe spezifiziert werden.

3.2.3 Shell-Skripte bzw. Batch-Dateien

Shell-Skripte oder Batch-Dateien sind Textdateien in denen die im letzen Abschnitt vorgestellten Kommandozeilen-Befehle hintereinander ausgeführt werden. Das Prinzip entspricht dem aus der Datenanalyse bekannten SPSS-Syntax- oder Stata-Do-Files: Die für eine bestimmte Aufgabe benötigten Kommandozeilen-Befehle werden einer nach dem anderen in eine Textdatei geschrieben. Unter Windows wird die Textdatei dann unter einem beliebigen Namen mit der Dateinamen-Extension .bat gespeichert. In anderen Betriebsystem ist die Extension beliebig – hier muss die Datei aber als „ausführbar" deklariert werden. In allen Betriebsystemen führt die Eingabe des Dateinamens in der Kommandozeile dazu, dass die in der Datei gespeicherten Befehle hintereinander ausgeführt werden.

Für die beiden in Abschnitt 3.2.2 beschriebenen Beispiele könnte eine solche sog. Batch-Datei z.B. so aussehen:

```
grep "Name" *.json > names.txt
sed -i s/\"[A-Za-z]*\"://g names.txt
```

Wird diese Datei unter dem Namen extractnames.bat gespeichert führt die Eingabe von

```
extractnames
```

an der Kommandozeile zur Ausführung der beiden Befehle.

3.3 Zur Bedeutung von Compability

Compability bezeichnet grundlegende Kenntnisse im Umgang mit dem Computer, die über die Kenntnisse spezifischer Anwendungssoftware hinausgehen. Dazu gehören Kenntnisse über die Verzeichnisstruktur des eigenen Computers und über Dateitypen, sowie grundlegende Kenntnisse einfacher Programmierwerkzeuge. Compability hilft einfache Lösungen für Datenmanagement-Probleme zu finden. Außerdem unterstützt Compability die Organisation der Zusammenarbeit von Teams mit unterschiedlichen Rechnerarchitekturen. Compability hilft Fehler zu vermeiden und Zeit zu sparen.

Compability ist für die Arbeit mit statistischen Daten äußerst hilfreich. Neben den in den vorangegangenen Abschnitten verwendeten Beispielen aus semistrukturierten Daten gibt es zahlreiche andere Anwendungsmöglichkeiten, auch und gerade in strukturierten Daten. Hier einige wenige weitere Beispiele: Manchmal müssen zum Einlesen strukturierter Textdateien in einem Datenanalyseprogram die Inhalte alphanumerischer Variablen in Anführungszeichen gesetzt werden. Derartige Harmonisierung können häufig mit einem einzigen Kommandozeilen-Befehl für beliebig viele Dateien erledigt werden. Im vorliegenden Beispiel würde das z.b. der Kommandozeilen-Befehl

```
sed -i s/[A-Za-z ]*\":/"\1"/g *.tsv
```

für alle Dateien mit der Extension .tsv erledigen. Da solche Kommandozeilen-Befehle auch aus Datenanalyseprogrammen abgesetzt werden können sind die so durchgeführten Arbeitsschritte auch vollständig dokumentierbar. Auch zur Rekodierung von alphanumerischen Variablen werden häufig Programmierwerkzeuge benötigt. So möchte man manchmal die Angaben von Vor- und Nachnamen vertauschen, d.h. an Stelle von Einträgen wie `Hardy, Oliver` soll `Oliver Hardy` stehen. Durch ein Suchen-Ersetzen mit

```
Suchen nach:
\([^,]\), +\([A-Za-z ]+\)

Ersetzen durch:
\2 \1
```

ist dies in vielen Fällen erledigt. Ähnlich gelagert sind Fälle, in denen die Schreibweise von Berufsangaben oder die Verwendung von Leerzeichen innnerhalb von alphanumerischen Variablen harmonisiert werden sollen.

Durch den enormen Zuwachs von semistrukturierten Daten im Zuge des digitalen Zeitalters werden grundlegende Programmierkenntnisse in Zukunft immer wichtiger – jedenfalls dann, wenn die Sozialwissenschaften die Auswertung von „Big-Data" nicht vollständig der Informatik überlassen möchte.

Leider ist die Compability von Bewerbern auf sozialwissenschaftliche Projektstellen eher im Abnehmen begriffen. Dies hat damit zu tun, dass Computerkenntnisse heute bereits in der Schule vermittelt werden und darum an den Universitäten vorausgesetzt werden. Die an Schulen vermittelten Computerkenntnisse sind aber lediglich Kenntnisse über spezifische Anwendungssoftware, in der Regel der Office-Programme. Grundlegenderes Verständnis für den Computer wird nicht gelehrt, und in sozialwissenschaftlichen Curricula ist dies ebenfalls nicht vorgesehen. Hier müsste dringend gegengesteuert werden.

4 Statability

Statability ist eine Wortschöpfung aus „Statistik" und „Ability" und bezeichnet das grundlegende Verständnis für Statistik bei der sozialwissenschaftlichen Datenanalyse. Statability meint weder Kenntnisse der formalen Eigenschaften von „Schätzern" in einem spezifischen statistischen Modell, noch die Fähigkeit, diese Eigenschaften formal herleiten zu können. *Sozialwissenschaftler sind keine Statistiker!* Sozialwissenschaftler müssen aber in der Lage sein ihre eigene Fragestellung unter Verwendung der Hilfsmittel aus der Statistik in quantitative Datenanalyse übertragen zu können. Hierzu benötigt man drei Grundkompetenzen: *Erstens* muss man sich über die Bedeutung von Drittvariablenkontrolle im Klaren sein, und dabei insbesondere darüber, dass Drittvariablenkontrolle abhängig von der Fragestellung unterschiedliche Zwecke verfolgt. *Zweitens* sollte man den fundamentalen Unterschied zwischen der sparsamen Beschreibung empirischer Tatbestände und Kausalanalyse kennen. Und schließlich *drittens* benötigen Sozialwissenschaftler ein gutes Verständnis der Inferenzstatistik und ihrer Beschränkungen.

Im Folgenden sollen die drei fundamentalen statistischen Kernkompetenzen für Sozialwissenschaftler etwas detaillierter vorgestellt werden.

4.1 Kontrolle von Drittvariablen

Empirische Sozialforschung in den Sozialwissenschaften erfolgt ganz überwiegend mit Regressionsmodellen.[11] Gemeinsames Kennzeichen dieser Modelle ist, dass eine sog. *abhängige* Variable mit Hilfe meist mehrerer sog. *unabhängiger* Variablen erklärt werden, wobei der Begriff *erklärt* jedoch lediglich statistisch als Varianzerklärung aufgefasst werden darf. Eine *Er-*

---

11 Der Begriff Regressionsmodell ist hier und im Folgenden nicht auf lineare Modelle beschränkt. Die folgenden Ausführungen beziehen sich auch auf nicht-lineare Wahrscheinlichkeitsmodelle für binäre, ordinale oder multinomiale abhängige Variablen, sowie auf Mehrebenenmodelle, Instrumentalvariablen-Regressionen, Panelregressionen oder Strukturgleichungsmodelle.

klärung eines empirischen Phänomens im Sinne einer deduktiv-nomologischen Erklärung findet durch ein Regressionsmodell nicht statt.

An den praktischen Anwendungen von Regressionsmodellen in den Sozialwissenschaften ist auffallend, dass damit höchst unterschiedliche Ziele verfolgt werden. Vier Ziele sind besonders häufig:
- Die Sicherstellung von „Conditional Independence",
- die Festlegung der inhaltlichen Bedeutung einer statistischen Korrelation,
- die Identifikation kausaler Mechansimen, und
- die Aufstellung eines Prognosemodells.

Jeder dieser Ziele ist vollkommen berechtigt, und die Verwendung von Regressionsmodellen zu Ihrer Erreichung auch zulässig. Es muss aber betont werden, dass sich die Logik der Auswahl der unabhängigen Variablen zwischen diesen Zielen fundamental unterscheidet. Ein gutes Prognosemodell ist zur Sicherstellung von „Conditional Independence" in der Regel völlig ungeeignet, und die erfolgreiche Identifikation kausaler Mechanismen führt stets dazu, dass der Einfluss derjenigen Variablen, für welche die Mechanismen identifiziert wurden, nicht kausal interpretiert werden kann. Ein solides Verständnis der Logiken zu Auswahl unabhängiger Variablen für die verschiedenen Anwendungsgebiete ist daher eine zentrales Kriterium für sozialwissenschaftliche Statability.

Die Sicherstellung von *Conditional Independence* ist eine Maßnahme im Kontext von Kausalanalysen. Koeffizienten von Regressionsmodellen können kausal interpretiert werden, wenn die Conditional Independence Annahme erfüllt ist (Wooldridge 2009). Hierzu müssen (in der Regel) alle „antezedierenden Variablen" kontrolliert werden, d.h. alle Variablen, welche diejenige Variable, deren kausaler Effekt quantifiziert werden soll („Key Causal Variable"), beeinflusst haben. *Nicht* kontrolliert werden dürfen dagegen alle Variablen, die eine direkte oder indirekte Folge der Key Causal Variable sind (für eine ausführliche Begründung vgl. Elwert 2013, S. 256-261). Die Kontrolle solcher „Decendants" (Elwert 2013, S. 258) der Key Causal Variable führt zum „Overcontrol Bias" (Elwert 2013, S. 250).

Kontrollvariablen können auch zur Festlegung der *inhaltlichen Interpretation* des Regressionskoeffizienten verwendet werden. Dabei wird der Zusammenhang zwischen einer abhängigen Variable und einer „Variable of Interest" derart kontrolliert, dass alle denkbaren alternativen Interpretationen des Zusammenhangs außer der gewünschten ausgeschlossen werden.

So kann z.B. bei der Untersuchung der Einkommensunterschiede zwischen Männern und Frauen für Faktoren wie Bildung, Arbeitszeit, Beruf, Berufserfahrung, etc. kontrolliert werden. Gelingt es auf diese Weise alle Faktoren zu kontrollieren, die durch individuelle Präferenzen oder Entscheidungen im Haushaltszusammenhang hervorgerufen wurden, so kann der verbliebene Einkommensunterschied als Kennziffer für *Diskriminierung* durch den Arbeitgeber verstanden werden. In dem Beispiel wird deutlich, dass bei einer solche Forschungsfrage die Kontrolle von Folgen der Key Causal Variable nicht nur zulässig sondern unumgänglich ist. Damit ist aber auch ausgeschlossen, dass der verbliebene Einkommensunterschied als kausaler Effekt des Geschlechts interpretierbar ist.[12]

Bei der *Identifikation kausaler Mechanismen* verfährt man ähnlich wie bei der Festlegung der Interpretation von Regressionskoeffizienten. Hier wird man zunächst versuchen durch Kontrolle antezedierender Variablen den kausalen Effekt der Key Causal Variable zu identifizieren. Danach werden nach und nach potentielle Descendants eingeführt. Ein Descendant gilt als Mechanismus, wenn sich der Regressionskoeffizient der Key Causal Variable durch Einführung des Descendant stark verändert.

Schließlich gibt es reine Prognosemodelle. Ziel von Prognosemodellen ist es, (zukünftige) Ereignisse vorherzusagen. Im Gegensatz zu den übrigen Fragestellung steht hier nicht der Einfluss einer bestimmten unabhängigen Variablen im Mittelpunkt, sondern es geht um ein Modell mit einer möglichst hohen Erklärungskraft (im Sinne des Determinationskoeffizienten R^2). Tatsächlich ist es eine Überstrapazierung der Terminologie im Falle von Prognosemodellen überhaupt von Drittvariablenkontrolle zu sprechen. Entsprechend gibt es keine formalen Einschränkungen hinsichtlich Art und Anzahl der verwendeten unabhängigen Variablen. Die einzige praktische Einschränkung besteht darin, dass die Erhebung zusätzlicher Variablen mit Kosten verbunden ist und man daher möglicherweise ein Prognosemodell mit zu vielen Variablen vermeiden möchte.

Die kurze Darstellung zeigt, dass die Art der Verwendung von Regressionsmodellen in Wesentlichen von der inhaltlichen Fragestellung abhängt. Dies gilt aber nicht nur für die Auswahl der unabhängigen Variablen in

---

12 Nach einer anderen Auffassung kann es auch im Allgemeinen keinen kausalen Einfluss von Geschlecht geben, da Geschlecht nicht manipulierbar ist (Berk 2004. S. 83, 113-114).

einem Regressionsmodell, sondern auch für die Technik zur Drittvariablenkontrolle selbst. Regressionsmodelle sind nur eine von vielen Möglichkeiten zur Drittvariablenkontrolle. Alternative Techniken schränken die Analysepopulation auf spezifische Fälle ein (Konstanthaltung) oder kontrollieren Drittvariablen durch randomisierte Zuweisung in Treatment- und Kontrollgruppe (Randomisierung). Welcher dieser Verfahren jeweils anzuwenden ist hängt von der Fragestellung ab – häufig ist auch eine Kombination der verschiedenen Verfahren sinnvoll (Achen 2002, S. 446-447). Zur Statability gehört es, die relativen Vor- und Nachteile dieser Formen der Drittvariablenkontrolle für eine gegebene Fragestellung abwägen zu können.

4.2 Deskription vs. Kausalanalyse

Sozialwissenschaftliche Datenanalysen lassen sich danach unterscheiden, ob sie Deskription oder Kausalanalyse betreiben (King et al. 1994). Unter Deskription versteht man die sparsame *Beschreibung* einer komplexen Wirklichkeit, unter Kausalanalyse die Schätzung der Stärke des *kausalen Effekts* einer spezifischen unabhängigen Variable X auf eine ausgewählte abhängige Variable Y. Die statistischen Techniken zur Deskription und Kausalanalyse unterscheiden sich nicht unbedingt. In vielen Fällen werden für beide Zwecke Regressionsmodelle angewandt. Der Unterschied besteht im Wesentlichen darin, dass Regressionsmodelle zur Beschreibung nicht im gleichen Sinne falsch sein können wie Regressionsmodelle zur Identifikation kausalen Effekte. Man kann sagen, dass Erstere in einem gewissen Sinn immer korrekt sind – jedoch oft nicht optimal – während Letztere fast immer falsch sind – aber vielleicht bei großem Aufwand einigermaßen akzeptabel. In der Praxis führt dies dazu, dass Regressionsmodelle für Kausalanalyse oft deutlich komplizierter ausfallen als Regressionsmodelle zur sparsamen Beschreibung einer komplexen Wirklichkeit. Dies soll nachfolgend näher erläutert werden. Dabei wird in beiden Fällen davon ausgegangen, dass eine Vollerhebung der Daten vorliegt. Probleme der Verallgemeinerung von einer Stichprobe auf eine Grundgesamtheit werden daher hier nicht thematisiert.

Angenommen ein Wissenschaftler möchte beschreiben, wie die Werte einer abhängigen Variable y von den Werten einer unabhängigen Variable x abhängen. Zu diesem Zweck könnte er die Werte von y für gegebene Werte von x wie folgt in einen bedingten Mittelwert und einem bedingten Fehler aufteilen:[13]

$$y|x = \bar{y}|x + (y|x - \bar{y}|x)$$
$$= \bar{y}|x + e|x \qquad (1)$$

Gemäß dieser Formel entspricht der Wert der abhängigen Variable y für einen gegebenen Wert der unabhängigen Variable x der Summe des Mittelwerts von y bei gegebenen x und dem bedingten Fehler $e|x$, d.h. der Differenz zwischen dem wahren Wert von y bei gegebenen x und dem bedingten Mittelwert $\bar{y}|x$.

Gleichung (4.2) ist lediglich eine arithmetische Dekomposition von $y|x$ und deshalb *per definitionem* korrekt. Aus der formalen Definition des Mittelwertes folgt auch, dass der Durchschnitt der bedingten Fehler jeweils Null ist:

$$\bar{e}|x = 0 \:. \qquad (2)$$

Anders formuliert: wenn man die beobachteten Werte von y dadurch beschreibt, dass man nur deren bedingten Mittelwerte darstellt, macht man „im Schnitt" nichts falsch.

Angenommen, man *möchte* die Entwicklung der bedingten Mittelwerte in Abhängigkeit von x mit einer Geraden beschreiben. In diesem Fall unterstellt man für die Werte von $\bar{y}|x$ das lineare Modell

$$\bar{y}|x = b_0 + b_1 x \qquad (3)$$

mit b_0 dem Y-Achsenschnittpunkt und b1 der Steigung der Geraden. Einsetzen von Gleichung (3) in Gleichung (1) führt zu

$$y|x = b_0 + b_1 x + e|x \qquad (4)$$

wobei in diesem Fall $\bar{e}|x \neq 0$ ist, wenn die Gerade von Gleichung (3) die tatsächlichen bedingten Mittelwerte verfehlt. Fraglich ist, welche Bedeutung es für eine Beschreibung hat, wenn die bedingten Mittelwerte nicht auf der Geraden liegen. Sicherlich könnte man sagen, die Beschreibung ist *falsch*,

---

13 Die obige Darstellung ist eine leicht gekürzte Darstellung von Berk (2004, S. 22-24) in geänderter Notation.

weil die Gerade einige oder mehrere bedingten Mittelwerte nicht korrekt wiedergibt. Doch in diesem Sinne wäre jede Beschreibung falsch, da Beschreibungen immer Vereinfachungen der tatsächlichen empirischen Wirklichkeit sind. Eine zwar falsche, aber immer noch gute Beschreibung wäre dann eine Beschreibung, bei der die Fehler relativ klein sind. Wenn man die bedingten Mittelwerte von y mit einer Geraden beschreiben *möchte*, dann ist die Gerade von Gleichung (3) umso korrekter, je kleiner die Fehler insgesamt sind. Tatsächlich lässt sich zeigen, dass es keine in diesem Sinne bessere Gerade zur Beschreibung der bedingten Mittelwerte von y gibt, als diejenige Gerade, deren Koeffizienten b_0 und b_1 mit dem Kleinst-Quadrate-Schätzer (OLS) geschätzt werden. In diesem Sinne ist die Beschreibung zwar falsch, aber es gibt keine bessere Beschreibung der bedingten Mittelwert mittels einer Geraden.

Das Ergebnis lässt sich für den Fall mehrerer X-Variablen verallgemeinern. Wenn man $\bar{y}|x$ mit einer Linearkombination aus den Variablen im Vektor x beschreiben möchte, so gibt es keine bessere Beschreibung als diejenige, bei der die Variablen in x mit Koeffizienten gewichtet werden, die mit OLS geschätzt wurden. Auch diese Beschreibung ist daher vermutlich falsch, aber nach einem bestimmten Kriterium optimal.

Insgesamt kann man sagen, dass bei einer Beschreibung die Frage der Fehlertoleranz entscheidend ist. Fraglich ist jeweils, welchem Zweck eine Beschreibung dienen soll und wie groß der Fehler ist, den man für diesen Zweck akzeptieren möchte. Die Güte einer Beschreibung richtet sich daher mehr nach deren Zweckmäßigkeit als nach deren Korrektheit. Dies ist bei Kausalanalyse anders.

Angenommen ein Wissenschafter möchte den kausalen Effekt der Variablen x auf die Variable y untersuchen. Um dies zu tun benötigt er eine Theorie des in der Wirklichkeit stattfindenden Prozesses, der die Daten von y erzeugt hat. Ein mögliche Formulierung dieses *datengenerierenden Prozesses* könnte z.B. so aussehen:

$$y=\beta_0+\beta_1 x+\varepsilon .\qquad(5)$$

Nicht ganz zufällig ähnelt diese Gleichung einem Regressionsmodell. Es muss aber klar sein, dass es sich hier um eine Theorie über den datengenerierenden Prozess handelt, nicht um eine Beschreibug von $y|x$. Mit Gleichung (5) wird behauptet, dass die Natur die Werte von y dadurch erzeugt hat, dass sie zunächst grundsätzlich Werte in Höhe von β0 zuweist. Sodann betrachtet sich die freundliche Natur die Ausprägung einer gegebenen Eigenschaft x und addiert diese gewichtet mit dem Faktor β1 zu β0 hinzu. Schließlich wird ein weiterer Wert addiert, ε, über den gleich noch zu sprechen sein wird.

Der Parameter β_1 symbolisiert den kausalen Effekt von x auf y. Formal gilt: Wenn $E(\varepsilon|x)=E(\varepsilon)$ lässt sich der Parameter β_1 mit OLS schätzen (Wooldridge 2009, S. 27-29). Wenn aber $E(\varepsilon|x) \neq E(\varepsilon)$ ist, so ist die Schätzung von β_1 durch OLS verzerrt. Die Annahme $E(\varepsilon|x)=E(\varepsilon)$ ist daher von zentraler Bedeutung für die Schätzung kausaler Effekte.

$E(\varepsilon|x)=\varepsilon$ ist die sog. „Mean-Independance-Annahme" (Wooldridge 2009, S. 25). Sie ist eine Annahme über alle Faktoren, welche die Werte von y außer der Variable x noch beeinflussen. Sie besagt, dass alle diese Faktoren bei unendlich vielen Wiederholungen des datengenerierenden Prozesses von Gleichung (5) im Mittel für alle Werte von x stets den gleichen Betrag zu y hinzufügen. Dies ist eine starke Annahme. Betrachten wir als Beispiel den kausalen Effekt der Schulbildung auf das Einkommen: Die Mean-Independance-Annahme bedeutet hier, dass alle Variablen, welche das Einkommen noch beeinflussen mögen, für alle Bildungsgruppen die gleiche Wirkung haben. Das Geschlecht beeinflusst das Einkommen für hoch- und niedrig Gebildete gleich; die berufliche Positionen der Eltern beeinflussen das Einkommen der hoch Gebildeten gleich wie das der niedrig Gebildeten; die Intelligenz der hoch Gebildeten beeinflusst das Einkommen im gleichen Maße wie die Intelligenz der niedrig Gebildeten; der Wohnort der hoch Gebildeten beeinflusst das Einkommen im gleichen Maße wie der Wohnort der niedrig Gebildeten, usw. Wann immer sich auch nur einer dieser sonstigen Einflüsse zwischen Hoch- und niedrig Gebildeten unterscheidet, ist die Schätzung des kausalen Effektes verzerrt.

Anders als bei der Beschreibung, ist bei der Kausalanalyse der wahre Wert des kausalen Effektes konzeptionell eindeutig definiert. Auch ist bekannt, unter welchen Bedingungen der wahre Wert (zumindest im Schnitt) ermittelt werden kann, und unter welchen Bedingungen der kausale Effekt verzerrt ist. Falsch und richtig, bzw. besser, verzerrt und konsistent, haben darum, anders als bei Beschreibungen, eine eindeutige inhaltliche Bedeutung.

Statability bedeutet, die fundamentalen Unterschiede zwischen Deskription und Kausalanalyse verstanden zu haben und entscheiden zu können, ob die eigene Fragestellung der Beschreibung oder der Kausalanalyse zuzurechnen ist.

4.3 Inferenzstatistik

Inferenzstatistik begegnet Sozialwissenschaftlern häufig in Form von Sternchen neben statistischen Kennziffern, in Form sog. „p-values" und als Signifikanztest. Diese Form der Inferenzstatistik gehört zur üblichen Praxis, die von wissenschaflichen Fachzeitschriften vielfach eingefordert wird. Fast so häufig wie die inferenzstatistische Absicherung von empirischen Befunden ist allerdings die Kritik an der mechanischen Anwendung von Signifikanztests. Ziliak und McCloseky (2007, S. 2) führen folgende Liste von prominenten *Statistikern* auf, die sich gegen die gängige Praxis der Verwendung von Signifikanztests ausgesprochen haben – unter ihnen William Sealy Gosset[14], der als Erfinder des Signifikanztests gelten kann:

> Edgeworth, Gosset, E. Pearson, Jeffreys, Borel, Neyman, Wald, Wolfowitz, Yule, Deming, Yates, Savage, de Finetti, Good, Lindley, Feynman, Lehmann, DeGroot, Bernardo, Chernoff, Raiffa, Arrow, Blackwell, Friedman, Mosteller, Tukey, Kruskal, Mandelbrot, Wallis, Roberts, Granger, Press, Moore, Berger, Freedman, Rothman, Leamer, Zellner.

Die Fehler bei der Verwendung von Signifikanztests sind vielfältig. Einige Beispiele seien hier kurz erwähnt: *Erstens* ist häufig unklar, zu welchem Zweck der Test eingesetzt wird: Dient die Inferenzstatistik zum Rückschluss von einer Stichprobe auf eine Grundgesamtheit (deskriptive Inferenz), oder soll getestet werden, ob der kausale Effekt einer Variable in *Wirklichkeit* Null sein könnte (kausale Inferenz)? Der Unterschied ist wichtig, weil die Voraussetzungen für diese beiden Versionen des Signifikanztests unterschiedlich sind. Im ersten Fall wird prinzipiell eine Stichprobe mit angebbaren Ziehungswahrscheinlichkeiten benötigt, während im zweiten Fall der unterstellte datengenerierende Prozess korrekt sein muss (siehe hierzu auch Behnke 2007).

Zweitens wird ein signifikanter Zusammenhang häufig im Sinne von stark, wichtig, oder bedeutend interpretiert. Richtig ist aber, dass Signifi-

---

14 W. S. Gosset war Mitarbeiter der Guinness-Brauerei und durfte nicht unter seinem echten Namen publizieren. Er ist daher vielen unter dem Namen seines Pseudonyms bekannt: Student.

kanz und Effektstärke unterschiedliche Konzepte sind und wenig miteinander zu tun haben. Signifikanz bedeutet lediglich die Zurückweisung der Vermutung, dass der Effekt in der Grundgesamtheit Null ist. Substantiell völlig irrelevante Effekte können, wenn die Fallzahlen groß sind, signifikant sein, während große Effekte bei kleinen Fallzahlen nicht signifikant sein können.

Drittens sind die Kennziffern, auf denen der Signifikanztest beruht häufig inkorrekt. Die Nullhypothese, welche bei einem signifikant ausfallenden Test zurückgewiesen wird, ist in vielen Fällen absurd, bzw. widerspricht gut belegtem Vorwissen. In diesen Fällen sind die von Datenanalyseprogrammen ausgewiesenen p-values und damit die auf ihnen aufbauenden Signifikanztests nicht korrekt. Inkorrekte – aber einfach korrigierbare – Signifikanztests erhält man auch, wenn man das in der Regel komplexe Stichprobendesign der Daten von Bevölkerungsumfragen nicht berücksichtigt.

Viertens werden die inferenzstatistischen Maßzahlen häufig falsch interpretiert. So ist z.B. der p-value *nicht* die Wahrscheinlichkeit, die Nullhypothese zurückzuweisen, obwohl sie korrekt ist. Auch beträgt die Wahrscheinlichkeit, dass das 95% Konfidenzintervall den wahren Wert enthält, nicht 0.95. Schließlich ist ein Zusammenhang nicht *signifikanter*, wenn der p-value niedriger ist (für diese und weitere Missverständnisse vgl. Määrä 2009).

Statability bedeutet, inferenzstatistische Techniken korrekt anwenden und interpretieren zu können. Hohe Statability geht häufig mit einer Betonung der Interpretation von Effektstärken und deren Konfidenzintervallen einher, während Signifkanztests mit einer gewissen Distanz betrachtet werden.

4.4 Zur Bedeutung von Statability

Statability ist das grundlegende Verständnis von statistischen Verfahren. Dabei geht es weniger um die formalen Eigenschaften der Verfahren, sondern um die Fähigkeit, die für eine Fragestellung optimalen Verfahren auszuwählen. Sozialwissenschaftliche Statability heißt, die Analyse von der inhaltlichen Fragestellung her zu planen und die statistische Datenanalyse als Teil des Untersuchungsdesigns zu sehen. Personen mit Statability kennen den Unterschied zwischen Beschreibung und Kausalanalyse. Sie besitzen ein klares Verständnis für die Logik der Drittvariablenkontrolle und wissen, welche Variablen für eine Fragestellung zu kontrollieren sind, und welche Variablen nicht kontrolliert werden dürfen. *Last but not least* unterlaufen Hochschulabsolventen mit Statability keine ärgerlichen Fehler bei der Interpretation von Signifikanztests. Statability hilft dem Overcontrol Bias, den Endogenous Selection Bias und den Ommited Variable Bias bei der Kausalanalyse zu vermeiden.

Leider fördert statistische Methodenausbildung in den Sozialwissenschaften die mechanistische Anwendung fortgeschrittener statistischer Verfahren, bei der statistische Elaboriertheit mit Qualität verwechselt wird.

5 Schluss

Empirische Forschungsprojekte in den Sozialwissenschaften suchen häufig nach hoch spezialisierten Mitarbeitern mit spezifischen inhaltlichen und methodischen Profilen. Selten erfüllen Bewerber alle Anforderungen, die sich Projektleiter erhoffen. Wünschenswert ist darum eine allgemeine Problemlösungskompetenz für empirische Fragestellungen, die es dem Absolventen ermöglicht, sich rasch auf die speziellen Anforderungen eines konkreten Projektes einzustellen.

Im vorliegenden Aufsatz wurden drei Dimensionen der allgemeinen Problemlösungskompetenz besprochen: Datability, Compability und Statability. Als *Datability* wurde eine grundlegende Fähigkeit im Management strukturierter Daten bezeichnet. Dabei ging es insbesondere um das Wissen um die Wandelbarkeit von Daten und die Intuition zur Nutzung der Wandelbarkeit von Daten zur Lösung schwieriger Probleme. Darüber hinaus wurde deutlich, dass Datability auch die Entdeckung testbarer Implikationen von Theorien in vorhandenen Daten erleichtert.

Als *Compability* wurde das grundlegende Verständnis für die Arbeit mit dem Computer bezeichnet. Es wurde behauptet, dass empirische Sozialforscher vertieftes Know-How für ihr wichtigstes Arbeitsgerät haben sollten. Anhand der Beispiele regulärer Ausdrücke, Kommandozeilen-Befehle und Shell-Skripte wurde argumentiert, dass die Vermittlung derartiger elementarer Techniken der Programmierung die gegenwärtigen Curricula sinnvoll ergänzen würden. Zudem wurde behauptet, dass Programmierkenntnisse durch die Zunahme des Bestandes semistrukturierter Daten immer wichtiger werden.

Als *Statability* wurde das grundlegende Verständnis von statistischen Verfahren bezeichnet. Diese *Ability* untergliedert sich grob in das Verständnis des Zwecks von Drittvariablenkontrollen, der Unterscheidung zwischen Deskription und Kausalanalyse und der Inferenzstatistik. Statability zeichnet sich vor allem dadurch aus, dass die Verbindung zwischen der inhaltlichen Fragestellung und der statistischen Analyse erkannt wird. Es wurde behauptet, dass die so verstandene Statability die Vermeidung von Artefakten fördert.

Ziel der Methodenausbildung in den Sozialwissenschaften muss die Förderung der Datability, Compability und Statability sein. Blickt man auf die diversen Methodencurricula scheinen Datability und Compability eine eher untergeordnete Rolle zu spielen. Hinsichtlich der Statability finden sich viele Angebote zu fortgeschrittenen statistischen Verfahren, aber relativ wenig Kurse die Fragestellung, Untersuchungsdesign und Datenanalyse in unmittelbaren Zusammenhang stellen. Eine sinnvolle Strategie für solche Kurse scheinen mir Kurse, die einem „Learning-by-guided-doing-Modell" folgen. Dies könnten z.B. Lehrforschungsprojekte zur Sekundärdatenanalyse, Replikationskurse und Kurse mit Seminararbeiten, in denen eigene Datenanalyse durchgeführt werden, sein.

Literatur

Achen, C. H. (2002). Toward a new political methodology: Microfoundations and ART. *Annual Review of Political Science 5*, 423-450.

Behnke, J. (2007). Kausalprozesse und Identität. Über den Sinn von Signifikanztests und Konfidenzintervallen bei Vollerhebungen. *Beiträge zu empirischen Methoden der Politikwissenschaft 2*, 3, 1-34.

Berk, R. A. (2004). *Regression Analysis. A Constructive Critique.* Thousand Oaks: Sage.

Elwert, F. (2013). Graphical Causal Model. In S. Morgan (Hrsg.), *Handbook of Causal Analysis for Social Research* (S. 245-273). Dordrecht: Springer.

Hox, J. J. (1995). *Applied Multilevel Analysis* (2. Aufl.). Amsterdam: TT-Publicaties.

King, G., Keohane, R. O., & Verba S. (1994). *Designing Social Inquiry.* Princeton: Princeton University Press.

Kohler, U. (2005). Stata tip 16: Using input to generate variables. *Stata Journal 5.* 1, 134.

Läärä, E. (2009). Statistics: reasoning on uncertainty, and the insignificance of testing null. *Annales Zoologici Fennici 46,* 2, 138-157.

Schnell, R. (2012). *Interviews. Standardisierte Befragungen in der empirischen Sozialforschung.* VS Verlag.

Wikipedia (2015). JSON. The Free Encyclopedia, 20 July, 12:25 UTC.

Wooldridge, J. M. (2009). *Introductory Econometrics: A Modern Approach* (4. Aufl.). South-Western College Publishing.

Ziliak, S. T., & McCloseky, D. N. (2007). *The Cult of Statistical Significance: How the Standard Error Costs Us Jobs, Justice, and Lives.* Ann Arbor: University of Michigan Press.

Studium zum Marktforscher an Hochschulen
Eine Wettbewerbsanalyse von Bachelor- und Masterstudiengängen

Christa Wehner
Hochschule Pforzheim

Wandel der Hochschullandschaft

Die akademische Ausbildung hat sich in längerfristiger Betrachtung deutlich verändert. Studierten Ende der 1950er Jahre gerade einmal 4% der 20- bis 30-Jährigen vornehmlich die „klassischen" Universitätsfächer (v.a. Jura, Medizin, Naturwissenschaften, Ingenieurs- und Wirtschaftswissenschaften), so weitete sich das Spektrum mit der Bildungsexpansion der 1970er Jahre quantitativ und qualitativ: Der Anteil der Studierenden hatte sich Anfang der 1980er Jahre auf ungefähr 12% verdreifacht, und die Fächerbreite nahm deutlich zu, während sich zugleich aus den Ingenieurschulen heraus seit 1971 mit den Fachhochschulen ein neuer, praxisorientierter akademischer Ausbildungsweg etablierte (Wienert 2014). Schließlich gab es um die Wende zu den 2000er Jahren nochmal einen Sprung: Qualitativ ist er mit dem Namen „Bologna-Reform" verbunden. Mit dem Ziel, einen einheitlichen europäischen Hochschulraum zu errichten, wurden die herkömmlichen Diplomabschlüsse an Universitäten und Fachhochschulen durch Bachelor- und Masterabschlüsse ersetzt, die den Bachelor als berufsqualifizierenden Regelabschluss und den Masterabschluss als wissenschaftliche Weiterqualifizierung vorsahen. Hergestellt werden sollte die Vergleichbarkeit durch ein System von europaweit vergleichbaren Leistungspunkten (European Transfer Credit Point System, ETCS), in denen sich der Lernaufwand (Zeit) von exakt spezifizierten Lernmodulen (Inhalten) widerspiegeln sollte. Ein Semester wurde auf 30 Leistungspunkte normiert; für den Bachelor waren mindestens 6 Semester (180 Credits) vorgegeben, für den Master nochmals 4 Semester (120 Credits). Die quantitative Ausweitung der akademischen Bildungsbeteiligung hielt dabei an. Die Studierendenquote stieg über 18% Anfang der 1990er Jahre weiter auf inzwischen über 25%, und die Quote der Studienanfänger übersteigt aktuell schon deutlich die Hälfte der Mitglieder eines Geburtsjahrgangs.[1]

So viel zu den allgemeinen Umfeldveränderungen im Hochschulbereich. Lassen Sie mich nun spezifischer auf mein Fach und damit zugleich auf mein Thema eingehen. Vor 30 Jahren hatten die meisten akademisch ausgebildeten Marktforscher an Universitäten Wirtschaftswissenschaften bzw. Betriebswirtschaftslehre studiert; viele von ihnen an den Instituten renommierter „Marketing-Päpste" wie Ludwig Berekoven (Nürnberg-Erlangen), Heribert Meffert (Münster), Werner Kroeber-Riel (Saarbrücken) oder Lothar Müller-Hagedorn (Trier/Köln). Besonders in der Qualitativen Marktforschung waren Psychologen immer schon sehr gern gesehen; außerdem arbeiteten in Instituten und Unternehmen auch empirisch orientierte Soziologen, Kommunikationswissenschaftler, Politikwissenschaftler, Statistiker, Wirtschaftsgeografen und sogar Absolventen eher exotischer Disziplinen wie Pharmazie, Philosophie, Theologie, Geologie oder Ökotrophologie – die Marktforschung war für Seiteneinsteiger offener als viele andere Branchen. Die damals noch jungen Fachhochschulen spielten praktisch noch keine Rolle, denn es gab erst wenige wirtschaftswissenschaftliche Absolventen aus diesem neuen akademischen Segment, und Marktforschung als Studienschwerpunkt war im betriebswirtschaftlichen Curriculum zunächst eine Randerscheinung. Das hat sich geändert: Gut die Hälfte aller Betriebswirte wird inzwischen an Fachhochschulen oder – wie sie heute in vielen Bundesländern genannt werden – Hochschulen für Angewandte Wissenschaften (HAW) ausgebildet, und auch die Marktforschung hat an einigen, allerdings ganz wenigen Hochschulen eine prominente Stellung bezogen. Damit komme ich direkt zu meinem Thema.

---

1 http://de.statista.com/statistik/daten/studie/72005/umfrage/entwicklung-der-studienanfaengerquote. Zugegriffen: 15. März 2015

Wo kann man Marktforscher werden? Zur Konzeption der empirischen Untersuchung

Die Ausbildungslandschaft ist vielfältiger, die bildungspolitischen Ambitionen sind anspruchsvoller, die Differenzierungen bezüglich der familiären, sozialen und bildungsbiographischen Hintergründe der Studieninteressierten sind breiter geworden. Wie transparent und valide sind die für potenzielle Studierende von Hochschulen bereitgestellten Informationen, sofern sie Marktforschung als Berufsfeld in den Blick nehmen wollen? Wie sprechen andererseits die Hochschulen ihre potenziellen Kunden als Bachelor- oder Master-Aspiranten an? Das sind Fragen, wie sie Marktforscher für ihre Klienten täglich abklären und denen ich im Folgenden mit den Instrumenten der empirischen Forschung nachgehen möchte.

Abiturienten mit Interesse an der Markforschung rät man bis heute in der Regel zu einem Wirtschaftsstudium mit Vertiefungsmöglichkeiten in Marketing/Marktforschung, zu einem Studium der Psychologie mit Vertiefungen wie Konsumentenpsychologie oder zu einem sozialwissenschaftlichen/mathematisch-statistischen Studiengang mit Fokus auf empirische Forschung. All das ist richtig: Marktforscher brauchen Wirtschaftswissen, Kenntnisse der Psychologie, der Soziologie, der empirischen Methoden und Statistik. Aber wo und wie soll dieses Know-how erworben werden? An Universitäten? An Fachhochschulen bzw. Hochschulen für Angewandte Wissenschaften? Reicht ein Bachelor für einen erfolgreichen Start in den Beruf? Und wenn ja wo? Oder muss es ein Master sein? Und wenn ja, konsekutiv im Anschluss an den Bachelor oder erst nach einer Phase beruflicher Praxis?

Studieninteressierte haben in Deutschland nach Angaben der Hochschulrektorenkonferenz (HRK) aktuell die Qual der Wahl unter knapp 10.000 grundständigen akademischen Studiengängen.[2] Wegen persönlicher Vororientierungen kommen naturgemäß nicht alle Angebote in Frage. Schränkt man deshalb die Suche beispielhaft auf „Wirtschaftswissenschaft" ein, so reduziert sich das Angebot auf knapp 2.000 Studiengänge von A wie Agrarwirtschaft bis Z wie Zentralbankwesen. Gibt man allerdings als konkreten Berufswunsch „Marktforschung" in die Suchmaske ein, so verzeichnet der

---

2 Vgl. Hochschulrektorenkonferenz; http://www.hochschulkompass.de/studium/suche/erweiterte-suche.html). Zugegriffen: 15. März 2015

Hochschulkompass der HRK nur 17 Bachelor- und 13 Masterstudiengänge, für „Konsumentenpsychologie" werden sogar lediglich 5 Studienangebote angezeigt. Im Widerspruch zu diesem – sehr überschaubaren – Angebot offeriert der Berufsverband Deutscher Markt- und Sozialforscher (BVM) auf seiner Website mehr als 200 Vorschläge zur einschlägigen akademischen Ausbildung.[3] Diese Liste – so der Verband – biete nur „einen ersten beispielhaften Überblick über mögliche Studiengänge" an Universitäten, Fachhochschulen und privaten Hochschulen und erhebe nicht den Anspruch auf Vollständigkeit. Was soll ein am Thema Marktforschung interessierter Studieninteressent also tun? Die kurze HRK-Liste durchgehen? Oder doch die verwirrende Vielfalt des Berufsverbandes „durchackern", die aktuell nicht einmal differenziert zwischen Bachelor- und Masterstudiengängen? Und wenn man die kurze oder lange Liste bearbeitet: Wie viele relevante Informationen erhält man dann zu seinen Fragen?

Um den „wahren" Wert der marktforschungsrelevanten Studienangebote zu ermitteln, haben wir im Studiengang Marktforschung und Konsumentenpsychologie der Hochschule Pforzheim ein empirisches Evaluierungsprojekt durchgeführt.[4] Egoistischer Anlass waren dabei für uns zwei Leitfragen: Wo stehen wir in der Konkurrenzanalyse mit unserem Bachelor-Programm? Und welche Perspektiven können wir mit Blick auf Master-Programme anderer Hochschulen unseren Bachelor-Absolventen empfehlen, da wir selbst keinen Marktforschungs-Master anbieten. Aus arbeitsökonomischen Gründen gehen wir – wie wohl auch der Großteil der Studieninteressierten – die Fragen ausschließlich anhand der im Internet recherchierbaren Informationen an (wodurch einige kleinere private Hochschulen herausfallen). Ausgangspunkt der Recherchen waren die schon erwähnten Listen von HRK und BVM[5] ergänzt um Studiengänge, die auf den Onlineportalen der Wochenzeitung „DIE ZEIT" und marktforschung.de[6] empfohlen werden. Mit Hilfe von Schlüsselworten wie Markt-, Sozial-, Medien- oder

---

3 Vgl. http://bvm.org/universitaere-ausbildung. Zugegriffen: 15. März 2015
4 Im Projekt hat Philipp Krebs seine Bachelorthesis abgeschlossen, bei der Recherche waren Lena Barth, Carolina Sampaio Lechner und Christina Schäffer maßgeblich beteiligt.
5 http://bvm.org/universitaere-ausbildung. Zugegriffen: 15. März 2015
6 http://www.marktforschung.de/job-karriere/karriereverzeichnis/. Zugegriffen: 15. März 2015

Kommunikationsforschung wurden zunächst 625 potentiell einschlägige Studiengänge identifiziert, die dann genauer betrachtet worden sind. Dabei stellte sich heraus, dass insgesamt jeweils etwa 150 Bachelor- und Masterstudiengänge relevante Marktforschungsangebote im Umfang von mindestens 30 Credits – das entspricht dem Workload eines ganzen Semesters – in ihrem Curriculum enthalten.

Anhand der Modulhandbücher und weiterer Lehrveranstaltungsinformationen wurde dann im Einzelnen überprüft, in welchem Umfang marktforschungsrelevante Studieninhalte (z.B. Statistik, quantitative und qualitative empirische Methoden, Konsumentenpsychologie, Medien-/Werbepsychologie, aber auch – selten vertretene – Vorlesungen und Seminare zu neueren Themen wie Online-Research, Social Media Research, Big Data etc.) angeboten werden (vgl. die Tabelle im Anhang mit ausgewählten Schlüsselworten). Selbstverständlich ergaben sich erhebliche Bewertungsprobleme, da die im Internet angebotenen Informationen aus den einzelnen Hochschulen qualitativ unterschiedlich breit und spezifiziert ausfallen, was insbesondere auch für die Inhalte von Praxissemestern oder Abschlussarbeiten gilt. Die Bewertung erfolgte aus Sicht eines an Marktforschung interessierten Studierenden – bei Wahlmöglichkeiten wurden also immer die marktforschungsnächsten Inhalte als Wahl unterstellt, und bei Praxissemestern und Abschlussarbeiten wurde angenommen, dass marktforschungsrelevante Inhalte umso wahrscheinlicher werden, je mehr der Studienschwerpunkt in diese Richtung geht, was in der Summe natürlich zur stärkeren Differenzierung der Ergebnisse beiträgt.

Angesichts der Vielzahl der untersuchten Studienangebote war „Mut" zur Zuordnung und damit auch ein gewisses Maß an Willkür unvermeidlich, allerdings verständigten sich die studentischen Rechercheure zuvor auf möglichst einheitliche Beurteilungsstandards. Als grobes Maß der Marktforschungsrelevanz wurden drei Kategorien gebildet: Die Credits von eindeutig spezifizierten Veranstaltungen wurden mit 100% bzw. 0% Marktforschungsinhalt gewertet, bei fraglichen Fällen wurde pauschal 50% Gewicht angesetzt. Die Entscheidungsprobleme können hier im Einzelnen nicht dokumentiert werden; es seien aber einige Beispiele zu Verdeutlichung genannt:
- Wenn aus den Beschreibungen hervorging, dass Marktforschungsinhalte nur ein Teil der Gesamtcredits eines Moduls ausmachen, wurde anteilig gewertet (z.B. Modul Methodology of the Social Sciences: Insgesamt 12

Credits. Davon 9 Credits für quantitative und qualitative Methoden der Sozialforschung und 3 Credits für Wissenschaftstheorie. Hier wurden 9 Credits gewertet).
- Bei Statistik-Studiengängen wurden Veranstaltungen mit rein statistik-theoretischer oder mathematischer Ausrichtung nur halb gewertet, denn hier liegt zwar grundsätzlich Marktforschungsrelevanz vor, die Inhalte der Vorlesung gehen aber sehr in die Tiefe mathematischer Theorie und sind nicht so anwendungsorientiert, wie es Marktforscher benötigen.
- Bei Psychologie-Studiengängen wurden Vorlesungen mit Themen der spezielleren Psychologie (z.B. vertiefende Vorlesung zur kognitiven oder neurokognitiven Psychologie) zu 50% gewertet. Marktforschungsrelevanz ist grundsätzlich vorhanden, die Inhalte der Vorlesung gehen darüber hinaus.
- Behandlung von überfachlichen Wahlbereichen: Wenn die zur Wahl stehenden Möglichkeiten/Module im Modulhandbuch oder der Prüfungsordnung aufgeführt werden, wurden diese entsprechend der oben festgelegten Regeln bewertet. Wenn auf den kompletten Modulkatalog der Universität oder der Fakultät verwiesen wird, wurden die Credits nur halb gewertet.
- Behandlung von Pflichtpraktika: Werden als Tätigkeitsbereiche in der Prüfungsordnung, dem Modulhandbuch oder auf der Webseite explizit Markt-, Meinungs-, Werbeforschung oder ähnliche Bereiche aufgeführt, wurden die Credits voll gewertet. Wenn in der Beschreibung Tätigkeitsfelder aufgeführt werden, Marktforschung und ähnliche Bereiche jedoch nicht genannt werden, wurden die Credits nicht gewertet. Wurde kein spezieller Tätigkeitsbereich vorgegeben, wurden die Credits zu 50% aufgenommen.
- Bewertung der Bachelorthesis bzw. Masterarbeit: War die Thesis laut den Unterlagen als empirische Arbeit zu schreiben oder sollte sie einen empirischen Teil enthalten, wurden die gesamten Credits der Abschlussarbeit als forschungsrelevant gewertet. War laut dem Informationsmaterial eine empirische Arbeit explizit nicht vorgesehen, wurden die Credits nicht gewertet. Wenn keine Informationen angegeben waren, wurde anhand der Inhalte der Studiengänge entschieden. Hypothese: Eine empirische Arbeit mit Marktforschungsbezug wird mit einem zunehmenden Anteil an marktforschungsrelevanten Credits und mit mehr Inhalten mit Bezug zur empirischen Forschung wahrscheinlicher. Um diese Wahrscheinlichkeit einzubeziehen, wurde der Mittelwert des Anteils der marktforschungsrelevanten Inhalte (ohne Abschlussarbeit) und des Anteils der empirischen Inhalte

gebildet. Bei einem Mittelwert des Anteils des Marktforschungsbezugs und der empirischen Inhalte unter 35% wurde die Masterarbeit nicht gewertet, zwischen 35% und 50% wurden die Credits zur Hälfte und ab 50% voll gewertet.

Als Resultat der recht umfangreichen Recherche- und Bewertungsarbeiten konnte jedem Studienangebot eine bestimmte Anzahl von Leistungspunkten für marktforschungsrelevante Studieninhalte zugeordnet werden, aus denen sich eine Reihung ergibt, die Studieninteressierten im Bereich Marktforschung als Orientierung dienen kann.

Methodisch interessant ist die Frage, ob man diese Reihung nach absoluten ETCS-Punkten vornehmen soll, oder ob man sie ins Verhältnis setzt zur insgesamt im Bachelor- oder Masterstudium zu erreichenden Punktzahl. Für beides gibt es Argumente: Geht man – wie ursprünglich von der Politik intendiert – davon aus, dass der Bachelor-Abschluss als erster berufsqualifizierender Abschluss tatsächlich direkt in eine akademisch ausreichend vorbereitete Tätigkeit im Bereich Marktforschung führt, so wäre das im Bachelor-Studium insgesamt angesammelte Wissen in diesem Bereich entscheidend, und dementsprechend wären die absolut erworbenen Credits relevant. In der bisherigen Praxis der gestuften Abschlüsse führen aber die in der Regel sechssemestrigen Bachelor-Abschlüsse an Universitäten nicht direkt in den Beruf, sondern in eine weitere viersemestrige Masterausbildung (Wehner und Wienert 2012) – dementsprechend könnte die marktforschungsspezifische Qualifikation letztlich dort im Schwerpunkt erworben werden, so dass der relative Anteil der Marktforschungsinhalte an der gesamten Bachelorausbildung ein geeignetes Kriterium wäre. Praktisch relevant ist die Unterscheidung nur für die wenigen Fälle, in der der Bachelorabschluss nach sieben statt sechs Semestern erfolgt, wie im Fall der beiden Pforzheimer Ausbildungsgänge und denen an der Hochschule Harz bzw.- Zittau/ Görlitz. Da dort das zusätzliche Praxissemester fachlich immer einschlägig ist, steigen die marktforschungsrelevanten Credits absolut stärker als relativ.

Welches Maß man für geeigneter hält, hängt letztlich davon ab, wie hoch die Übergangsquoten aus dem Bachelor in den Master sind. Hält man am Bachelor als erstem berufsqualifizierenden Abschluss fest, so muss bei der Auswahl der Studienmöglichkeiten für Studieninteressierte im Bereich Marktforschung die Frage im Vordergrund stehen, wie gut sie auf eine Tätigkeit in diesem Bereich durch ihr Studium vorbereitet werden, und dann ist die absolute Credit-Zahl ausschlaggebend, die auch den im Folgenden vorgestellten Tabellen zugrunde liegt.[7]

Von den 148 identifizierten Bachelor-Studiengängen mit mehr als 30 „Mafo-Credits" (das entspricht einem vollen Semester) weisen nur 62 eine Anzahl von 50 und mehr marktforschungsspezifische ETCS-Credits auf. Gemessen an der üblichen Gesamtpunktzahl für ein Bachelor-Studium von 180 Credits sind dies knapp 28%, was auf eine Schwerpunktsetzung, aber keine deutliche Spezialisierung hindeutet. Auf 70 und mehr Credits kamen 27 Studienangebote, auf mehr als 80 Credits nur noch 14 und auf mehr als 90 Credits schließlich nur sechs Studiengänge. Aus der Liste der „Top-30" (vgl. Tab. 1) sind 24 Studienangebote von Universitäten/Technischen Universitäten, eins von einer Künstlerisch-Wissenschaftlichen Hochschule und fünf von Fachhochschulen/Hochschulen für Angewandte Wissenschaft, davon einer privaten. Auffällig ist, dass unter den „Top 30" nur einer der beiden Pforzheimer Studiengänge explizit Marktforschung in der Studiengangsbezeichnung enthält.

In den nachfolgenden Tabellen haben wir die Studiengänge ihren jeweiligen Fachschwerpunkten bzw. Fakultäten zugeordnet.

	Soziologie, Medien- und Kommunikationswissenschaften
	Psychologie
	Wirtschaftswissenschaften, Betriebswirtschaftslehre
	Statistik, Datenanalyse

Die Universität *Bamberg* führt (mit über 130 von 180 Gesamtcredits) ganz klar die Rangliste an. Die Ausbildung dort punktet mit grundsolider empirisch-statistischer Ausbildung und einem großen marktforschungsrelevanten Wahlbereich. Die fachliche/fakultätsbezogene Grundzuordnung ist zwar Soziologie, aber Statistik/Datenanalyse ist ein herausragender Schwerpunkt. Bei der Hochschule für Musik, Theater und Medien *Hannover* steht

---

7   Nach einer aktuellen Gehaltsstudie sind gegenwärtig immerhin schon 10 Prozent von insgesamt 5000 an der Befragung teilnehmenden Marktforschern Bachelor. Vgl. http://www.marktforschung.de/fileadmin/user_upload/Dokumente/Gehaltsstudie_2015_Teil_1.pdf, S. 8.

wie im Studiengangnamen schon deutlich Medienmanagement im Vordergrund. Medienangebote und Medienanbieter, Analysemethoden der empirischen Kommunikationsforschung, dazu ein Werkstattseminar als eigenes Forschungsprojekt sowie Methodenkritik, also die Beurteilung adäquater methodischer Designs für Fragestellungen, sind hochgradig relevante Studieninhalte, zudem ist ein einschlägiges Praktikum vorgeschrieben.

Für die drei nachfolgenden Angebote aus *München* und *Dortmund* muss man eine eindeutige Dominanz empirisch-statistischer Methoden in der Ausbildung konstatieren, aber curricular eng gekoppelt mit empirischen Fragestellungen. Die Studierenden lernen – wie z.B. im Modulhandbuch von beiden Dortmunder Angeboten angeführt – „deskriptive Statistik, elementare Wahrscheinlichkeitsrechnung, Schätzen und Testen, statistische Verfahren, lineare Modelle", aber eben in „Fallstudien, in Anwendungen von Datenanalyse und Datenmanagement und auch Wissensentdeckung". Die marktforschungsspezifischen qualitativen Methoden stehen dagegen weniger im Fokus, aber solche „blinden" Flecke treten bei dem gewählten „Anerkennungsschema" der ETCS-Punkte kaum in Erscheinung.

Damit komme ich zu unserer Hochschule. In *Pforzheim* wird Wert auf eine grundsolide betriebswirtschaftliche Ausbildung gelegt, dementsprechend sind im grundständigen Studium die Inhalte aller betriebswirtschaftlichen Studiengänge gleich: Auch potenzielle Marktforscher müssen Allgemeine BWL, Steuern, Volkswirtschaftslehre usw. hören, erst danach werden studiengangschwerpunktspezifische Veranstaltungen dominant. Aus diesem Grund hängt sehr viel davon ab, wie intensiv die Studierenden die im Studiengangschwerpunkt, im Praxissemester und bei der Bachelor-Thesis gegebenen Möglichkeiten nutzen. Wenn sie es konsequent tun, bekommen sie einen maßgeschneiderten Start in eine Marktforscherkarriere. Praktisch alle Abschlussarbeiten in den Studiengängen Marktforschung wie auch Medien-Management sind empirische Projekte, aus denen sich zumindest bei den Besten attraktive Erstanstellungen ergeben können (Wehner und Wienert 2011, 2013). Für ein unmittelbar anschließendes Masterstudium entscheiden sich trotzdem aktuell mehr als ein Drittel der Bachelor.

Tabelle 1 Reihung der Bachelor-Studienangebote nach marktforschungsrelevanten Inhalten

Rang	Hochschule	Studiengang
1.	Universität Bamberg	Soziologie
2.	Hochschule für Musik, Theater und Medien Hannover	Medienmanagement
3.	Universität München	Statistik
4	Technische Universität Dortmund	Statistik
5	Technische Universität Dortmund	Datenanalyse und -management
6.	Hochschule Pforzheim	Marktforschung und Konsumentenpsychologie
7.	Universität Wuppertal	Psychologie
8.	Universität Koblenz-Landau	Psychologie
9.	Universität Regensburg	Psychologie
10.	Hochschule Pforzheim	Media Management und Werbepsychologie
11.	Universität Münster	Kommunikationswissenschaft (Ein-Fach-Modell)
12.	Technische Universität Darmstadt	Psychologie
13.	BSP – Hochschule für Management Potsdam (Privathochschule)	Wirtschaftspsychologie
14.	Technische Universität Dresden	Medienforschung, Medienpraxis
15.	Universität Erlangen-Nürnberg	Sozialökonomik Schwerpunkt Verhaltenswissenschaften
16.	Universität Bochum	Wirtschaftspsychologie
17.	Universität Bielefeld	Psychologie
18.	Hochschule Zittau/Görlitz	Kommunikationspsychologie
19.	Universität Mannheim	Psychologie
20.	Universität Stuttgart	Sozialwissenschaften (Ein-Fach)
21.	Universität Würzburg	Medienkommunikation
22.	Universität Trier	Medien-Kommunikation-Gesellschaft
23.	Universität Würzburg	Psychologie
24.	Universität München	Psychologie

Rang	Hochschule	Studiengang
25.	Uni Freiburg	Psychologie
26.	Hochschule Harz	Wirtschaftspsychologie
27.	TU Chemnitz	Psychologie
28.	Universität Erlangen-Nürnberg	Sozialökonomik, Schwerpunkt International
29.	Universität Bremen	Psychologie
30.	Universität Hohenheim	Kommunikationswissenschaft

☐ Soziologie, Medien- und Kommunikationswissenschaften ☐ Psychologie
☐ Wirtschaftswissenschaften, Betriebswirtschaftslehre ■ Statistik, Datenanalyse

Quelle: Eigene Erhebungen

Ergebnisse für Master-Studiengänge

Von den 149 genauer untersuchten Master-Studiengängen wiesen nur 82 mehr als 60 marktforschungsspezifische ETCS-Credits aus; gemessen an der üblichen Gesamtpunktzahl für ein Master-Studium von 120 Credits entspricht dies 50%. Auf mehr als 80 Credits kamen 35 Studienangebote, auf mehr als 100 Credits nur noch 10 Studiengänge. Aus der Liste der „Top-30" (vgl. Tab. 2) sind 27 Studienangebote von Universitäten/Technischen Universitäten, eins von einer Künstlerisch Wissenschaftlichen Hochschule, zwei von Fachhochschulen/Hochschulen für Angewandte Wissenschaft. Fachlich dominieren Angebote, die man dem Fachgebiet Soziologie/Medien/Kommunikationswissenschaften zuordnen kann.

Charakterisiert man die in Tabelle 2 führenden Angebote, so fällt auf, dass der Master in Markt- und Medienforschung der Fachhochschule *Köln* (mit 115 von 120 Credits) praktisch nur markt- und medienforschungsrelevante Inhalte enthält. Die Ausbildung ist empirisch orientiert mit einschlägigem Praxisprojekt und entsprechender Master-Thesis. Ein Auszug aus den Pflichtveranstaltungen zeigt, wie passgenau das Angebot ist: Instrumente der Markt- und Medienforschung, strukturelle und psychologische Aspekte der Markt- und Medienforschung, rechtliche und ethische Aspekte der Markt- und Medienforschung, Methoden der statistischen Datenanalyse, qualitative und quantitative Methoden bzw. Instrumente der Online-

Forschung, Medientheorien, Competitive Intelligence und Trendforschung. Das Angebot der Universität *Bielefeld* ist dagegen deutlich breiter und allgemeiner auf soziologische Methoden ausgerichtet. Dass es dennoch so weit vorne liegt, ist den vielfältigen Wahlmöglichkeiten geschuldet, die die Studierenden zur Schwerpunktsetzung haben. Wie eingangs erwähnt, hatten wir unterstellt, dass stets die marktforschungsrelevantesten Alternativen ausgesucht werden, was dann zu den hohen spezifischen Credits führt. Ähnlich große Wahlmöglichkeiten aus einem hier allerdings vornehmlich statistisch ausgerichteten Studienangebot bietet die Universität *München*. Wie im Fall Bielefeld wurde angenommen, dass wegen der vielfältigen empirisch-methodischen Möglichkeiten auch die Master-Thesis inhaltlich marktforschungsbezogenen Fragen nachgeht, was zu 30 Credits in der Gesamtrechnung beiträgt – hier zeigen sich deutlich die Grenzen auf, die die gewählte formale Zuordnungsmethode der ETCS-Credits hat. Im Vergleich von Köln mit Bielefeld/München bietet Köln also eine deutlich direktere Marktforschungsorientierung, während Studierende sich in Bielefeld/München ihr spezifisches Portfolio selbst zusammenstellen müssen.

Tabelle 2 Reihung der Master-Studienangebote nach marktforschungsrelevanten Inhalten

Rang	Hochschule	Fach/Studiengang
1.	Fachhochschule Köln	Markt- und Medienforschung
2.	Universität Bielefeld	Soziologie
3.	Universität München	Statistik, wirtschafts- und sozialwissenschaftliche Ausrichtung
4.	Universität Erlangen-Nürnberg	Marketing, Schwerpunkt Research
5.	Technische Universität Dresden	Angewandte Medienforschung
6.	Universität Bamberg	Survey Statistik
7.	Universität Bochum	Sozialwissenschaften (Ein-Fach)
8.	Universität Göttingen	Angewandte Statistik
9.	Universität Augsburg	Medien und Kommunikation
10.	Universität Trier	Medien- und Kultursoziologie
11.	Universität Bremen	Soziologie und Sozialforschung
12.	Universität Konstanz	Social and Economic Data Analysis

Rang	Hochschule	Fach/Studiengang
13.	Hochschule Harz, Wernigerode	Konsumentenpsychologie und Marktforschung
14.	Universität Trier	Survey Statistics
15.	Universität Hohenheim	Kommunikationswissenschaft und Medienforschung
16.	Universität Mannheim	Soziologie
17.	Universität Köln	Soziologie und empirische Sozialforschung
18.	Universität Tübingen	Soziologie mit Schwerpunkt Empirische Sozialforschung
19.	Universität Mannheim	Psychologie – Arbeit, Wirtschaft und Gesellschaft
20.	Universität Koblenz-Landau	Kulturwissenschaften
21.	Universität Eichstätt – Ingolstadt	Soziologie Schwerpunkt „Methoden der empirischen Sozialforschung"
22.	Universität Magdeburg	Statistik
23.	Universität Köln	Psychologie, forschungsorientiert
24.	Hochschule für Musik, Theater und Medien Hannover	Medienmanagement
25.	Universität München	Kommunikationswissenschaft
26.	Universität Mannheim	Political Science
27.	Universität Trier	Psychologie
28.	Universität München	Psychologie: Wirtschafts-, Organisations- und Sozialpsychologie
29.	Universität Kiel	Betriebswirtschaftslehre
30.	Universität Nürnberg-Erlangen	Sozialökonomik

☐ Soziologie, Medien- und Kommunikationswissenschaften
☐ Wirtschaftswissenschaften, Betriebswirtschaftslehre
▨ Psychologie
■ Statistik, Datenanalyse

Quelle: Eigene Erhebungen

Die Universität Erlangen-Nürnberg bietet ein betriebswirtschaftlich ausgerichtetes Programm mit deutlicher fachlicher Ausrichtung auf Marketing und Research an. Das größte deutsche Marktforschungsinstitut engagiert sich am Standort seiner Zentrale mit einem GfK-Stiftungs-Lehrstuhl für Marketing Intelligence. Bei entsprechender Auswahl der Wahlangebote (Konsumentenverhalten, Multivariate Zeitreihenanalyse, Fortgeschrittene Datenanalyse, Nichtparametrische Statistische Verfahren, Finanzmarktkommunikation und Marktforschungsmanagement, Business Intelligence and Digital Marketing) und der Master-Thesis kann ähnlich wie in Köln ein einschlägig marktforschungsorientiertes Studium absolviert werden. Das Angebot der Technischen Universität *Dresden* kann beispielhaft für medienwissenschaftliche Ausrichtung gesehen werden. Die relativ hohen marktforschungsspezifischen Credits entstehen, wenn man eine einschlägige Wahl für ein obligatorisches Forschungsprojekt, die Thesis und den Profilbereich (Auslandsstudium/Praktikum) trifft. Das Angebot der Universität *Bamberg* fokussiert wie das der Universität München auf statistische Methoden. Im Wahlbereich werden u.a. Questionnaire Design, Multivariate Verfahren, Mixed Mode Surveys, Kalibrierungsmethoden und Gewichtung sowie Panelsurveys angeboten. Ein beachtliches Gewicht kommt dem Bereich „Forschung und Praxis" zu, in dem marktforschungsrelevante Projekte unterstellt worden sind. Auch die Universität *Bochum* punktet in ihrem sozialwissenschaftlichen Programm mit hoch bewerteten Forschungs- und Praxismodulen, dazu kommen fortgeschrittene Verfahren der sozialwissenschaftlichen Datenanalyse und qualitative Methoden der Sozialforschung im Wahlbereich. Die Universität *Göttingen* setzt wie Bamberg und München statistische Schwerpunkte (u.a. Multivariate Time Series Analysis, Marktforschungsmethoden, Panel Data Analysis), dazu ein obligatorisches statistisches Praktikum.

Abschließende Bemerkungen

Der Markt für Studienangebote ist sowohl im Bachelor- als auch im Master-Bereich recht unübersichtlich. Gerade für ein „Schnittstellenfach" wie die Marktforschung gilt es, sich in verschiedenen Bereichen zu orientieren mit durchaus unterschiedlichen Schwerpunkten. Wer sich bei Aufnahme des Studiums – sei es als Bachelor oder Master – schon klar für Marktforschung entscheiden kann, dürfte einen der explizit auf Marktforschung ausgerichteten Studiengänge wählen, die in der Regel mit Ergänzungen im Bereich Konsumentenpsychologie, Medien- und Kommunikationswissenschaften oder Marketing kombiniert werden. Alle anderen Studierenden müssen die Entscheidung treffen, ob sie von ihren Interessen her Betriebswirtschaft studieren oder zu empirischen soziologischen, medien- und kommunikationswissenschaftlichen bzw. psychologischen Studiengängen tendieren oder sich auf Statistik/Mathematik/Datenanalyse festlegen wollen.

In methodischer Hinsicht sind die hier präsentierten Ergebnisse – wie erwähnt – mit einigen Vorbehalten zu versehen, weil zumindest für die hier vorgestellte Überblicksanalyse die Kriterien für die Bewertung von Studieninhalten als marktforschungsrelevant auf der „heroischen" Annahme fußt, das die Studierenden stets mit sicherem Griff die entsprechend einschlägigen Wahlangebote/Praktikantenplätze/Themen für Abschlussarbeiten bevorzugen. Das setzt eine Sicherheit der Einschätzung ihrer beruflichen Vorstellungen und Wünsche voraus, die erfahrungsgemäß bei nur wenigen Studierenden gegeben ist. Zudem werden in Modulhandbüchern verzeichnete Wahlangebote erfahrungsgemäß nicht immer gleichzeitig angeboten, so dass Studienangebote, die es vor allen aus diesem Grund auf unsere Top-30-Listen geschafft haben, vielleicht mit Abschlägen versehen werden sollten. Insbesondere bei den Master-Angeboten könnte dies eine veränderte Reihenfolge bewirken.

Literatur

Wienert, H. (2014). Zur Entwicklung der Hochschulen für Angewandte Wissenschaften (Fachhochschulen) in Deutschland. *Beiträge der Hochschule Pforzheim 146*, S. 10.

Wehner, C., & Wienert, H. (2011) Absolventenbefragungen als Instrument zur kontinuierlichen Qualitätsverbesserung. Ergebnisse einer 10-Jahres-Studie der Hochschule Pforzheim. *WiSt – Wirtschaftswissenschaftliches Studium. Zeitschrift für Studium und Forschung 40*, 286-271.

Wehner, C., & Wienert, H. (2012). Wie weit trägt der Bachelor? Zum aktuellen Stand der Bologna-Reform in Deutschland. *Wirtschaftsdienst - Zeitschrift für Wirtschaftspolitik 92*, 488-495.

Wehner, C., & Wienert, H. (2013). Was hat sich durch Bologna für die Studierenden verändert? – Eine vorläufige Einschätzung auf Basis des Pforzheimer Absolventenpanels. *WiSt – Wirtschaftswissenschaftliches Studium. Zeitschrift für Studium und Forschung 42*, 397-401.

Anhangtabelle

Suchbegriffe bei der Internetrecherche

Allgemeine Begriffe
- Marktforschung
- Marketingforschung
- Meinungsforschung
- Umfrageforschung
- Primärforschung
- (Empirische) Sozialforschung
- Sekundärforschung (Desk-Research, ...)
- Befragung/Befragungsinstrumente
- Panel
- Werbewirkungsforschung/Kommunikationsforschung
- (Empirische) Sozialforschung
- Mediaforschung
- Prognoseverfahren
- Konsumentenforschung
- Konsumentenpsychologie/Konsumentenverhalten
- Werbepsychologie
- Trendforschung
- Mobile Research
- Neuromarketing / Neuropsychologie
- Experiment/Test

Quantitative Methoden
- Auswahlverfahren
- Stichproben
- Datenerhebung
- Statistik
- Rechnergestützte Datenauswertung/Datenauswertung (Statistikprogramme wie SPSS, R usw.)

- Statistische Verfahren (z.B. Regression, Varianzanalyse, Diskriminanzanalyse, Faktorenanalyse, Clusteranalyse, Multidimensionale Skalierung, Conjoint-Analyse, Nichtparametrische Verfahren)
- Big Data / Data Mining

Qualitative Methoden
- Tiefeninterview
- Ethnographische Verfahren
- Gruppendiskussion/Gruppenexploration
- Projektive Verfahren (Ballontest, Bilder-Erzähl-Test, Collagen, Produkt-Personifizierung)
- Assoziative Verfahren
- Beobachtung

Apparative Verfahren
- Eyetracking
- Tachistoskop
- Aktivierungsmessung

Fachangestellte(r) für Markt- und Sozialforschung
Berufsausbildung im dualen System

Bettina Klumpe
Vorstandsmitglied ADM und Geschäftsführerin der GfK Media and Communication Research

Das duale Ausbildungssystem in Deutschland hat sich über viele Jahrzehnte entwickelt. Es ist das Ergebnis eines durch viele Veränderungen und Anpassungen geprägten Prozesses. Über eine lange Zeit hinweg war das Ausbildungssystem in Deutschland durch zwei parallel laufende Systeme von betrieblicher Ausbildung und Berufsschule geprägt. Erst 1964 wurde der Begriff des Dualen Systems vom Deutschen Ausschuss für das Erziehungs- und Bildungswesen in dem „Gutachten über das berufliche Ausbildungs- und Schulwesen" eingeführt. So wie in Deutschland wird das duale Ausbildungssystem in nur 4 weiteren europäischen Staaten angewendet (Abb. 1).

Abbildung 1   Berufsausbildungssysteme

In den meisten europäischen Ländern herrscht die Berufsfachschule in Vollzeit als Vorbereitung für eine anschließende Facharbeiter- und Angestelltentätigkeit vor. Praxis wird in schulischen Werkstätten, Laboren oder bei Praktika vermittelt. Der praktische Anteil liegt bei dieser Ausbildungsart in der Regel unter 25%. Auffällig ist, dass gerade die Staaten, die eine berufliche Ausbildung in Vollzeitschulen bevorzugen, über hohe Jugendarbeitslosenquoten klagen. Aufgrund der aktuellen Lage in Europa liegt der Schluss nahe, dass diese schlechten Quoten hauptsächlich auf die wirtschaftliche Misere in diesen Staaten zurückzuführen sind. Die Studie der Robert Koch Stiftung „Youth Unemployment in Europe" aus dem Jahre 2013 widerlegt diese These allerdings. Die Krise beeinflusst die hohen Zahlen bei der Jugendarbeitslosigkeit in diesen Ländern sicher zusätzlich in eine negative Richtung, aber auch vor der Krise waren die Länder Griechenland (im Jahr 2000 mit 29,2%), Spanien (im Jahr 2000 mit 25,3%), Italien (im Jahr 2000 mit 31,5%) und Frankreich (im Jahr 2000 mit 20,6%) bei den Jugendarbeitslosenquoten immer im oberen Bereich zu finden. (Abb.2).

	EU-27	EU-15	Germany	Greece	Spain	France	Italy	Portugal	United Kingdom
2000	18.3	16.1	8.5	29.2	25.3	20.6	31.5	8.2	12.0
2001	17.3	14.1	7.8	28.0	20.7	18.0	27.8	8.9	10.3
2002	17.9	14.7	9.3	26.1	21.6	18.9	27.1	10.4	10.9
2003	18.1	15.3	11.0	25.7	22.3	17.5	26.8	13.4	11.4
2004	18.6	16.0	13.0	26.5	22.4	20.1	24.6	14.0	10.7
2005	18.6	16.6	15.5	26.0	19.7	20.6	24.0	16.1	12.8
2006	17.3	15.9	13.8	25.2	17.9	21.6	21.6	16.3	14.0
2007	15.5	14.9	11.9	22.9	18.2	19.1	20.3	16.6	14.3
2008	15.6	15.4	10.6	22.1	24.6	18.6	21.3	16.4	15.0
2009	19.9	19.6	11.2	25.8	37.8	23.2	25.4	20.0	19.1
2010	20.9	20.2	9.9	32.9	41.6	22.8	27.8	22.4	19.6
2011	21.3	20.6	8.6	44.4	46.4	22.0	29.1	30.1	21.1
2012	22.8	22.2	8.1	55.3	53.2	23.8	35.3	37.7	21.0

Note: The youth unemployment rate is the percentage proportion of youths who are unemployed compared to those who are in the labour force (employed + unemployed). Individuals are counted as unemployed if they have looked for work at some point during the past four weeks and are available to start working within the next two weeks. Source: EUROSTAT online database, unemployment rates by age (%).

Abbildung 2   Studie der Robert Koch Stiftung „Youth Unemployment in Europe", 2013

Welche Gründe gibt es für diese Tatsache? Die Studie der Robert Koch Stiftung hat sich detailliert mit dieser Frage beschäftigt und drei Aspekte selektiert:

1. Zunächst identifiziert die Studie Defizite im Bildungs- und Ausbildungssystem. Viele Jugendliche mit Hochschulabschluss und einer beruflichen Ausbildung in Vollzeitschule produzieren zu viele überqualifizierte Jugendliche mit theoretischem Wissen, die kaum praktische Kompetenzen aufweisen. Spanien, das Land mit den meisten Hochschulabsolventen in Europa, wies im März/April 2013 laut Europäischer Union eine Jugendarbeitslosenquote (Jugendliche, im Alter <25 Jahre) von 56% auf. Das war der zweithöchste Wert in Europa. Viele Unternehmen in Spanien bemängeln den fehlenden Praxisbezug der Jugendlichen. Auch die berufliche Ausbildung in Vollzeitschule kann dieses Defizit nicht ausgleichen. Die berufliche Ausbildung konzentriert sich auf die schulische Vermittlung des Ausbildungsstoffes. Praktisches Arbeiten ist bei dieser Art der Ausbildung in hohem Maße unterrepräsentiert. Dieses bedeutet, dass die praktische Ausbildung anschließend in den Unternehmen stattfinden müsste. Leider setzt das die Attraktivität der Jugendlichen

enorm zurück – insbesondere in Krisenzeiten, wenn auf dem Arbeitsmarkt andere Arbeitskräfte zur Verfügung stehen.
2. Dazu kommen schwierige länderspezifische Arbeitsmarktregelungen. Da Jugendliche noch keine praktische Ausbildung haben, gehen die Arbeitgeber ein höheres Risiko bei der Einstellung der Jugendlichen ein. Als Folge hieraus bekommen Jugendliche eher befristete kurze Verträge. Entlassungen in Krisenzeiten beziehen sich dann in erster Linie auf diese Arbeitnehmergruppe. Jugendliche fungieren damit häufig als „Puffer" für die Arbeitgeber, um in schwierigen Zeiten die Personalkosten einzudämmen.
3. Ineffektive aktive arbeitsmarktpolitische Instrumente, wie zum Beispiel kurzfristigen Lohnsubventionen, fehlt häufig die Nachhaltigkeit. Oft wirken diese Maßnahmen nicht über die Förderungsdauer hinaus. Besser wäre es, ein Netz aufzubauen, das eine intensive Betreuung und Vermittlung der Jugendlichen und Unternehmen unterstützt und gezielt junge Arbeitnehmer und Arbeitgeber zusammenbringt.

Sicherlich ist das duale Ausbildungssystem kein Allheilmittel für die Probleme in den südlichen Ländern in Europa. Dennoch muss man feststellen, dass das duale Ausbildungssystem dabei hilft, dass nicht am Bedarf des Arbeitsmarktes vorbei ausgebildet wird. Unternehmen werden sich die eigenen Fachkräfte so ausbilden, wie sie sie benötigen. Das duale Ausbildungssystem lebt von engagierten Unternehmen und der Zusammenarbeit mit den Berufsschulen. Die Unternehmen können die Ausbildungsinhalte mit gestalten und damit eine passgenaue Ausbildung der jungen Leute auf die Bedarfe des Beschäftigungsmarktes hin realisieren. Eigene Fachkräfte passgenau für den eigenen Bedarf ausbilden ist für 90% der fast 13.000 befragten Unternehmen bei der DIHK Befragung „Ausbildung 2014" der Hauptvorteil des dualen Ausbildungssystems. Darüber hinaus minimieren selbst ausgebildete Fachkräfte die Gefahr der Fehlbesetzung und die Kosten für die Integration von externen Fachkräften, was sich positiv auf den wirtschaftlichen Status eines Unternehmens auswirkt.

Zwar hat das duale Ausbildungssystem in Deutschland trotz stetig steigender Zahlen der Studienanfänger immer noch einen hohen Stellenwert für die Ausbildung von jungen Menschen, dennoch sind die rückläufigen Zahlen für 2014 alarmierender denn je. Die Anzahl der abgeschlossenen Ausbildungsverträge hat in 2014 mit 522.200 abgeschlossenen Ausbildungsverträgen einen historischen Tiefpunkt erreicht. Der negative Trend der letzten Jahre konnte nicht gestoppt werden (Abb. 3).

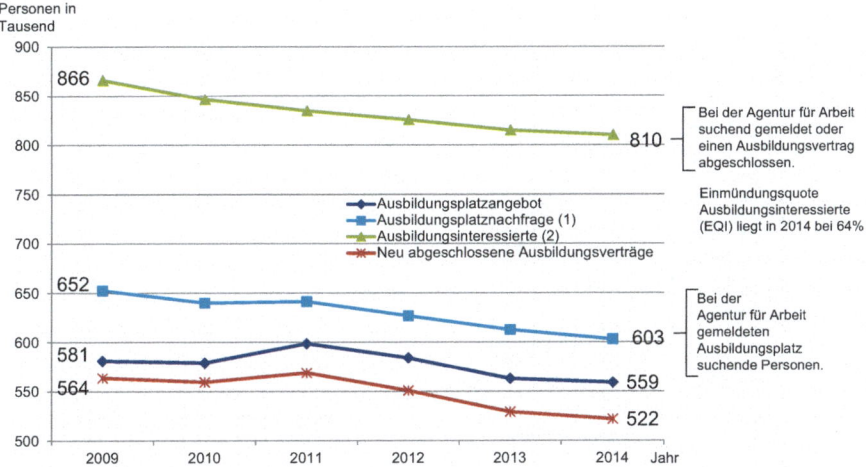

Abbildung 3 *Ausbildungsangebot und Nachfrage in Deutschland (Stand jeweils 30. September)*

Schuld an diesem Trend ist neben dem demografischen Wandel der strukturelle Wandel in den Schulabgängerzahlen. Während im Jahr 2004 noch 945.000 Jugendliche eine allgemein bildende Schule verließen, waren es im Jahr 2014 nur 824.000. Das sind 121.000 Jugendliche weniger, was einem Minus von knapp 13% entspricht. Bis 2025 prognostizieren die Experten ein weiteres Minus von 18%. Dazu kommt, dass der Anteil der nicht studienberechtigten Abgänger, der Hauptzielgruppe für die duale Berufsausbildung, von Jahr zu Jahr stetig abnimmt, während die Zahl der studienberechtigten Abgänger im Gegenzug steigt. Im Jahr 2014 liegt die Anzahl von studienberechtigten und nichtstudienberechtigten Abgängern erstmals auf annähernd gleichem Niveau (Abb. 4). Zusätzlich tendieren immer mehr Abgänger mit mittlerem Schulabschluss dazu, sich an Fachhochschulen und höheren Handelsschulen weiter zu qualifizieren, um über diesen Weg eine

Studienberechtigung zu erhalten und anschließend ein Studium zu starten. Im Jahr 2013 lag die Anzahl der Jugendlichen, die diesen Weg zum Erreichen einer Studienberechtigung eingeschlagen haben, bei 167.000.

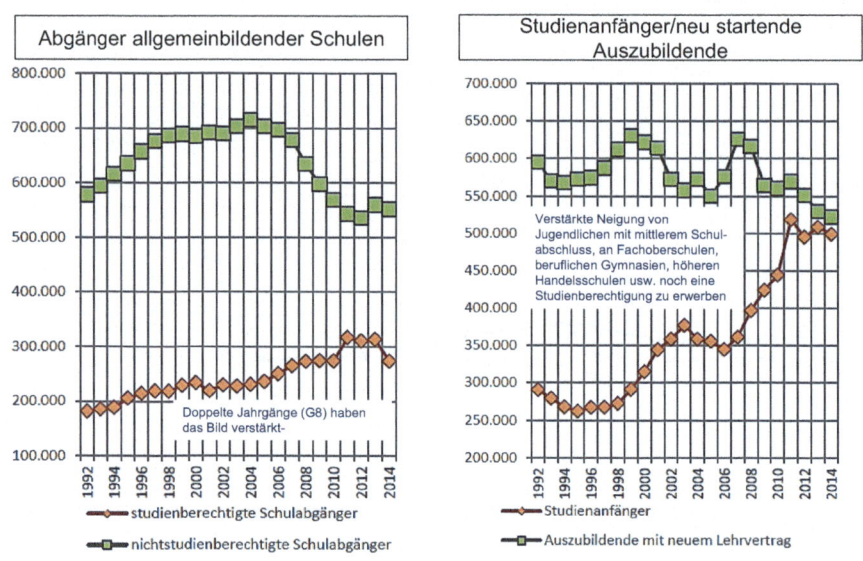

Abbildung 4   Entwicklung der Auszubildenden und Studienanfänger

Die Folge aus all diesem ist, dass zahlreiche Ausbildungsplätze unbesetzt bleiben. Im Jahr 2014 waren es 37.000. In 2010 waren es 20.000 unbesetzte Ausbildungsplätze (vergleiche Abb. 3).

Mehr als 300 anerkannte Ausbildungsberufe wollen aufgeschlossene junge Menschen ansprechen und für sich begeistern. Im Kontext des demographischen Wandels werben auch die Universitäten zunehmend um die jungen Talente.

Nach Aussagen von Fachleuten droht dem Wirtschaftsstandort Deutschland nachhaltiger Schaden, wenn der Trend zur „Akademisierung um jeden Preis" ungebremst weitergeht. Immerhin erfährt das deutsche duale Ausbildungssystem insbesondere vor dem Hintergrund der Finanzkrise seit 2009 weltweit große Anerkennung. Es gilt als starke Säule der deutschen Wirtschaft und wird als Hauptgrund für die geringe Jugendarbeitslosigkeit in Deutschland gesehen. Aktuell stehen wir in Deutschland vor der Herausforderung, die Durchlässigkeit zwischen beruflicher und akademischer Ausbildung in beide Richtungen zu verbessern. Der Fokus darf nicht mehr ausschließlich darauf liegen, den Übergang der beruflich Qualifizierten an die Hochschulen zu erleichtern, sondern muss auch die Attraktivität der beruflichen Ausbildung für die Jugendlichen wieder erhöhen.

In diesem Gesamtkontext zwischen demografischer Veränderung, der Veränderung der Struktur der Schulabgänger und der stetig wachsenden Anzahl an Studierenden ist der Fachangestellte für Markt- und Sozialforschung zu sehen. Als im Jahr 2006 der Ausbildungsberuf des Fachangestellten für Markt- und Sozialforschung eingeführt wurde, hatte man zuvor aufgrund einer fehlenden Berufsausbildung in der Branche eine Lücke in den Beschäftigungsmöglichkeiten in der Markt- und Sozialforschung identifiziert. Der Fachangestellte für Markt- und Sozialforschung stellt die optimale Ergänzung zu den akademisch ausgebildeten Forschern dar, deren Schwerpunkt eher in der wissenschaftlichen Beratung liegt. Der Fachangestellte für Markt- und Sozialforschung bedient mit seinen Fähigkeiten die operational-organisatorische Seite und bereitet somit das Fundament für aufbauende Analysen, Beratungen und Handlungsempfehlungen. Der Ausbildungsberuf bildet eine wichtige Säule, die dazu beiträgt, die an die Branche gestellten hohen Qualitätsansprüche jetzt und in Zukunft mit zu tragen.

Der Fachangestellte für Markt- und Sozialforschung gehört seit dem Jahr 2006 zu den anerkannten Ausbildungsberufen in Deutschland und ist den sprach-, literatur-, geistes-, gesellschafts- und wirtschaftswissenschaftlichen Berufen zugeordnet. Die dreijährige Ausbildung zum / zur Fachangestellten für Markt- und Sozialforschung bietet - neben dem akademischen Abschluss - einen alternativen Einstieg in die Markt- und Sozialforschung. Potenzielle Ausbildungsbetriebe sind Markt- und Sozialforschungsinstitute, Unternehmen mit einer eigenen Marktforschungsabteilung, die amtliche Statistik, sowie Unternehmensberatungen, Werbe- und Media-Agenturen und Einrichtungen der empirischen Sozial- und Wirtschaftsforschung. Der schulische Teil der dualen Ausbildung der Fachangestellten für Markt- und Sozialforschung wird derzeit über sechs regionale Berufsschulschwerpunkte in Berlin, Hamburg, Düsseldorf, Köln, Frankfurt und Nürnberg gewährleistet.

Neben Rechenfertigkeiten, mündlichem sowie schriftlichem Ausdrucksvermögen, Textverständnis, einer hohen Leistungs- und Einsatzbereitschaft, muss der Fachangestellte für Markt- und Sozialforschung höchst sorgfältig arbeiten, eine hohe Serviceorientierung mitbringen und dabei auch nicht zuletzt eine hohe Affinität zu den neuen digitalen Medien und Technik aufbringen. Ein höchst anspruchsvolles Profil, das sich nicht ausschließlich in Schulnoten und Schulabschlüssen widerspiegelt. Dennoch neigen die Arbeitgeber eher dazu, Schulabgängern mit Abitur oder Fachhochschulreife einen Ausbildungsvertrag anzubieten. Eine Befragung unter Absolventen aus dem Jahr 2010 ergab, dass ca. 90% der Auszubildenden einen höheren Abschluss (Abitur/Fachhochschulreife) mitbringen. Auf Nachfrage bei Berufsschullehrerinnen und -lehrern im Jahr 2013 gaben nur knapp 1/3 an, dass ein höherer Schulabschluss für diese Ausbildung von Nöten ist. Andererseits scheint der Ausbildungsberuf auch attraktiv für Studienabbrecher. In der Studie von 2010 waren es immerhin schon etwa 30% der befragten Absolventen.

Dabei macht den Beruf insbesondere die Kombination aus mathematischen, statistischen und organisatorischen Aufgaben, in der Kommunikation und der Umgang mit Menschen einen erheblichen Anteil des Arbeitsalltags bestimmen, so attraktiv. Diese Tatsache könnte auch den höheren Anteil an jungen Frauen in diesem Ausbildungsberuf erklären, den man zunächst einmal wegen des statistisch mathematischen Schwerpunkts dieses Berufes nicht vermuten würde. Aktuell sind zwei Drittel der Auszubildenden weiblich.

Die Aufgaben des Fachangestellten für Markt- und Sozialforschung sind so vielfältig wie die verschiedenen Ausbildungsbetriebe aus den verschiedenen Branchen. Der Fachangestellte für Markt- und Sozialforschung wird in der Regel bei allen operational-organisatorischen Schritten der Markt- und Sozialforschungsprojekte beteiligt. Dieses beginnt beim Planen der Projekte, Recherchieren und Codieren. Im Auswertungsprozess wird der FAMS mit Auswertungen und Plausibilitätsprüfungen sowie mit den Vorbereitungen für tabellarische Dokumentationen, Berichte, Grafiken und Präsentationen betraut. Er ist gleichermaßen bei Kunden-Angeboten und bei der Konzeption und Erstellung von Fragebögen dabei. Auch bei der Feldarbeit ist der Einsatz des Fachangestellten sehr gefragt. Neben der Einsatzplanung geht es dabei auch um Schulungen und Einweisungen von Interviewern und Rücklaufkontrollen während der Feldzeit. Darüber hinaus findet er Einsatz im Qualitätsmanagement und bei der Qualitätskontrolle.

Seit 2006 wurden insgesamt 708 Ausbildungsverträge mit Fachangestellten für Markt- und Sozialforschung abgeschlossen. 97% der Prüfungsteilnehmerinnen und -teilnehmer haben in den vergangenen 9 Jahren die Prüfung zum Fachangestellten für Markt- und Sozialforschung bestanden (Abb. 5).

Berichtsjahr	Ausbildungsverträge		Neu abgeschl. Ausbildungsverträge	Prüfungsteilnehmer	
	insgesamt	darunter weiblich		insgesamt	darunter bestanden
2006	59	45	59		
2007	124	86	70		
2008	200	134	90	9	9
2009	221	132	87	62	58
2010	243	146	95	71	70
2011	231	134	89	87	87
2012	239	147	87	70	70
2013	199	125	62	89	84
2014	183	122	69	78	75

Quelle: DIHK - Deutscher Industrie- und Handelskammertag e.V

Abbildung 5

Mit der Einführung des Ausbildungsberufs des Fachangestellten für Markt- und Sozialforschung wurde den Unternehmen erstmalig eine Möglichkeit gegeben, ihren qualifizierten Nachwuchs entsprechend des eigenen Bedarfs maßgeschneidert auszubilden. Die Nähe zur direkten Praxis bildet den besonderen Vorteil des dualen Ausbildungssystems.

Für die Auszubildenden zeigen die Zahlen eine große Chance, nach erfolgreichem Abschluss in ein festes Arbeitsverhältnis übernommen zu werden – ein erster Schritt in ein selbständiges und eigenverantwortliches Leben. Die Befragung „FAMS nach der Ausbildung" der Berufsschule Hamburg-Barmsbek aus dem Jahr 2010 ergab, dass mehr als 80% der Absolventen ein Übernahmeangebot erhalten und dass davon 80% das Angebot auch angenommen haben. Mehr als 60% der Auszubildenden haben sich damit entschieden, in ihrem Ausbildungsbetrieb anschließend weiter zu arbeiten. Die Ergebnisse der Befragung belegen zusätzlich die Attraktivität des Ausbildungsberufes. Für knapp 70% der befragten Absolventen war der Ausbildungsberuf genau das Richtige, wobei die Kombination von Ausbildungsbetrieb und Berufsschule, also das duale Ausbildungssystem, positiv bewertet wurde. Je knapp 60% gaben an, den Ausbildungsberuf weiterzuempfehlen oder sich selbst auch wieder für den Beruf ausbilden zu lassen (Abb. 6). Positive Werte, die auch auf eine hohe Identifikation und Treue zum Beruf schließen lassen.

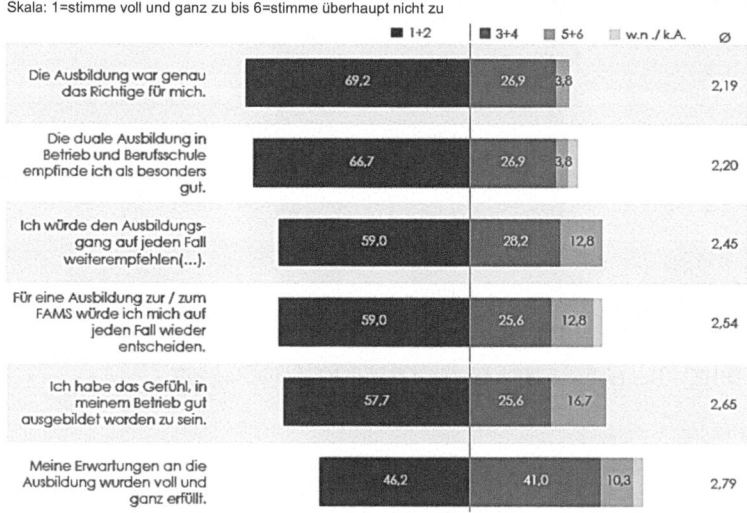

Abbildung 6: Bewertung des Ausbildung durch die Auszubildenden

Ausbildung von Jugendlichen ist auch eine gesellschaftliche Verpflichtung. Eine Verpflichtung, der auch unsere Branche nachkommen muss. Unternehmen, die in Ausbildung investieren, investieren in die Zukunft unserer Jugend und damit in die Zukunft unseres Landes.

Der Ausbildungsberuf des Fachangestellten für Markt- und Sozialforschung ist flexibel genug, um sich an die neuen Herausforderungen unserer Zeit, wie Digitalisierung, Social Monitoring, Big Data und neue Messmethoden anzupassen und wird damit als eine wichtige Säule die Qualitätsansprüche unserer Branche auch in Zukunft mit gewährleisten.

Anforderungen an das Berufsbild „Fachangestellte(r) für Markt- und Sozialforschung"

Hartmut Scheffler
Vorstandsvorsitzender ADM und Geschäftsführer TNS Infratest

1 Hintergrund

Aufgabe der Sozial- und Marktforschung ist es, mit angemessenen, wissenschaftlich gesicherten und überprüfbaren Methoden Entscheidungen in Politik und Wirtschaft zu unterstützen. Wenn eine Vielzahl von erhobenen Daten und gelieferten Informationen diese entscheidungsbegleitende und entscheidungsvorbereitende Funktion haben, dann arbeiten Markt- und Sozialforschung in hoher Verantwortung. Unzureichend erhobene Daten können zu falschen Erkenntnissen, falschen Schlussfolgerungen und Entscheidungen im politischen Raum wie in der Privatwirtschaft führen. Markt- und Sozialforschung ist damit angewandte Wissenschaft mit hoher Verantwortung für die Qualität der Daten und Erkenntnisse. Markt- und Sozialforschung ist der sachliche/ fachliche Oberbegriff: Die Tagesarbeit machen Menschen: Hierfür durch Schule, Universität, Betrieb ausgebildet. Nur wenn Markt- und Sozialforscher systematisch ausgebildet sind, sich in der Praxis bewährt haben, wissenschaftlich anerkannte Methoden der empirischen Sozialforschung wie statistische Verfahren bewusst und kenntnisreich einsetzen, nur dann sind die Grundvoraussetzungen für Qualität gegeben.

Im Folgenden möge die Marktforschung stellvertretend auch für die Sozialforschung stehen. Bei ihr handelt es sich um einen verhältnismäßig jungen und interdisziplinären Berufsstand. Abgesehen von einzelnen historischen Beispielen (aus dem alten Ägypten, unter Karl dem Großen etc.) gab es erste Institutsgründungen in den 20er und 30er Jahren und dann zahlreich und systematisch mit Beginn der Bundesrepublik Deutschland. Seit dieser Zeit ist die Profession im ständigen Wandel. Methodologisch getriebene kontinuierliche Methodenentwicklung und Erweiterung, neue Verfahren und Modelle, neue Herausforderungen führen zu einem Berufsfeld in ständiger Veränderung und mit wachsenden Anforderungen. Dies gilt gleichermaßen für Marktforscher in Instituten, in Betrieben, in Agenturen.

Wenn die Qualität eines der wesentlichen Leitbilder, ein wesentlicher USP der Marktforschung ist und wenn sich gleichzeitig Anforderungen verändern und erweitern, dann ist eine Voraussetzung für gute Marktforschung eine gute und maßgeschneiderte Ausbildung. Diese darf sich keinesfalls allein auf die theoretischen Grundlagen beschränken, weil Jahrzehnte Marktforschungspraxis bewiesen haben, in wie hohem Maße Learning by Doing, ja auch Trial and Error den Erfahrungshorizont erweitern, das theoretisch Gelernte praxisnah fundieren. Zur Ausbildung gehört damit in ganz besonderem Maße auch die Praxisausbildung am Beispiel und integriert in konkrete Projekte. Man kann es „Ausbildung für die anspruchsvolle Tagesarbeit" nennen.

Eine solche Ausbildung, wenn sie denn gelingt, ist eine maßgeschneiderte Ausbildung.

Unter diesem Stichwort der „maßgeschneiderten" Ausbildung wird im Weiteren ein Blick auf die Historie/ das Gestern, auf den aktuellen Status und vor allem auch auf das Morgen/ die Zukunft geworfen.

2 Gestern

Spätestens mit Gründung der ersten Marktforschungsinstitute Ende der 40er und beschleunigt Anfang und Mitte der 50er Jahre entstand ein Berufsbild, dem aber die Ausbildungsgänge fehlten. Es gab weder eine akademische noch eine duale Ausbildung hin zum Marktforscher. Das Ergebnis waren über viele Jahre – fast Jahrzehnte – Seiteneinsteiger mit ganz unterschiedlichen universitären Laufbahnen und Abschlüssen. In der Marktforschung fanden sich Soziologen, Sozialpsychologen und Psychologen wieder, aber auch sehr schnell und frühzeitig Mathematiker, Informatiker, Volkswirte,

Betriebswirte bis hin zu Neurologen und vielem mehr. Der Nachteil war eine vollkommen heterogene Ausbildungs- und Erfahrungsstruktur. Ein durchaus spannender Vorteil war die Befruchtung der Profession aus so vielen Fakultäten. Markt- und Sozialforschung begann bereits als interdisziplinäre Disziplin – und ist dies bis heute geblieben.

Mit der Nachfrage entwickelte sich ganz langsam ein Angebot vor allem im universitären Bereich. Marketing-Lehrstühle boten Vertiefungen in Richtung Marktforschung an, Betriebswirte konnten oder mussten je nach Studiengang entsprechende Seminare besuchen, Scheine machen. Und schließlich gab es vereinzelte genau auf den Bedarf hin entwickelte Studiengänge wie z.B. an der Fachhochschule Pforzheim oder der Master-Studiengang in Köln.

Was die universitäre Ausbildung betraf, hat sich über die letzten Jahrzehnte eine kontinuierliche Entwicklung hin zu einem interessanten, weil durchaus heterogen gebliebenen Angebot ergeben.

Und „darunter"?

Von Anfang an bestand eine der Haupttätigkeiten in der Marktforschung darin, Projekte vom Anfang bis zum Ende zu betreuen. Klassisches Projektmanagement verlangt nicht zwingend die Vertiefungskenntnisse der verschiedenen universitären Angebote und Abschlüsse. Es verlangte vielmehr ein praktisches, auf der Beherrschung des Handwerks der empirischen Sozialforschung basierendes Wissen.

Da die Qualität der Markt- und Sozialforschung und damit die Qualität der Mitarbeiterinnen und Mitarbeiter immer eine wesentliche Voraussetzung für den Erfolg der Branche war und gleichzeitig immer eine der Kernaufgaben der Branchenverbände, kam durch die Verbände getrieben vor ca. 15 Jahren die Diskussion auf, dass es gerade im Projektmanagement Aufgaben gibt, für die nicht zwingend ein Universitätsabschluss in einem der für Markt- und Sozialforschung interdisziplinär relevanten Studiengänge notwendig ist. Daraus entstand schnell konkret die Diskussion zunächst eines Berufsbildes und damit kombiniert auch eines Leistungskataloges für eine duale Ausbildung zur/zum – wie es dann am Ende hieß – Fachangestellten für Markt- und Sozialforschung.

Arbeitgeber- und Arbeitnehmervertreter, Vertreter der Berufsschulen, der potentiellen Arbeitgebergruppen (vor allem Betriebe und Institute) entwickelten den Rahmenlehrplan für den Ausbildungsberuf „Fachangestellte(r) für Markt- und Sozialforschung", der von der Kultusministerkonferenz am 08.03.2006 beschlossen wurde. Das Curriculum mit den Lernfeldern und Zeitrichtwerten verdeutlicht, dass während der dreijährigen Ausbildung etwa zu je einem Drittel das allgemeine (Prozess-)Wissen vermittelt wird, zu einem Drittel die Vorbereitung, Durchführung und Auswertung von Projekten der Markt- und Sozialforschung und zu einem Drittel die Projektdokumentation bis hin zu Präsentation und Umsetzung.

Das Curriculum

Lernfelder und Zeitrichtwerte

Nr.		1. Jahr	2. Jahr	3. Jahr
1	Die Ausbildung in der Markt- und Sozialforschung mitgestalten	60		
2	Geschäftsprozesse der Markt- und Sozialforschung analysieren	60		
3	Dienstleistungen der Markt- und Sozialforschung anbieten	60		
4	Markt- und Sozialforschungsprojekte planen	100		
5	Werteströme von Projekten dokumentieren		40	
6	Markt- und Sozialforschungsprojekte vorbereiten		80	
7	Markt- und Sozialforschungsprojekte durchführen		80	
8	Daten von Markt- und Sozialforschungsprojekten auswerten		80	
9	Projektdokumentation erstellen			60
10	Projektpräsentationen gestalten und organisieren			60
11	Markt- und Sozialforschungsprojekte nachbereiten			60
12	Gesellschaftliche Prozesse mit der Markt- und Sozialforschung analysieren			40
13	Ein Markt- oder Sozialforschungsprojekt umsetzen			60
Summen: insgesamt 840 Stunden		280	280	280

Quelle: http://berufenet.arbeitsagentur.de/berufe/docroot/r2/blobs/pdf/recht/r_02667.pdf

Die Ausbildung findet dual statt in der Berufsschule (ggf. als Blockunterricht) und im Betrieb (ggf. bei nicht-vollständigem Angebotsprofil eines Betriebes auch hospitierend in anderen Betrieben).

„Maßgeschneidert" hieß damals und heißt richtigerweise noch immer:
- Die Durchführung von Forschungsprojekten im Rahmen von Projektvorgaben planen, organisieren und steuern;
- Methoden, Erhebungstechniken und Untersuchungstypen anwenden;
- recherchieren, Daten beschaffen und auswerten;
- an der Konzeption von Fragebögen und Gesprächsleitfäden mitwirken;

- bei Auswahl, Schulung und Einsatz von Interviewern mitwirken;
- Daten aufbereiten, codieren und Plausibilitätsprüfungen durchführen;
- Auswertungsverfahren anwenden und Basisauswertungen durchführen;
- Untersuchungsberichte und Präsentationen vorbereiten;
- Auskünfte auch in einer Fremdsprache (in der Regel Englisch) erteilen;
- qualitätssichernde Maßnahmen durchführen und Informations- und Kommunikationssysteme anwenden.

Weil der Rahmenplan diese maßgeschneiderte Herausforderung umsetzt, sind entsprechend ausgebildete Fachangestellte eine hervorragende Ergänzung zu Mitarbeiterinnen und Mitarbeitern mit Hochschulabschluss und deren zum Teil anderen Ausbildungsinhalten.

Durch den Schwerpunkt der Fachangestellten bei Durchführung, Umsetzung und Organisation ist gleichzeitig eine klare Abgrenzung zu den von der akademischen Ausbildung erwarteten Kenntnissen vorgenommen: Konzeption und anspruchsvolle Analyse von Untersuchungen sowie Beratungskompetenz. Fachangestellte für Markt- und Sozialforschung ergänzen durch ihre praktischen Projektmanagement-Kenntnisse somit die oft nach Studienabschluss eher theoretischen Kenntnisse rund um die Methodologie und die Methoden der empirischen Sozialforschung, die Verfahren der schließenden Statistik sowie die für Beratungskompetenz notwendigen Kenntnisse in (Sozial-)Psychologie, BWL, Marketing etc.

Zusammengefasst bleibt festzustellen, dass mit der/dem Fachangestellten für Markt- und Sozialforschung ein manifester Bedarf u.a. auch in Abgrenzung und Ergänzung zur akademischen Forschung gedeckt wurde, inhaltlich auf die Besonderheiten von Marktforschung in Abgrenzung gegenüber Berufsbildern und Geschäftsfeldern aus IT oder Unternehmensberatungen fokussiert wurde, praxisorientiert und qualitätsgetrieben ausgebildet wurde.

3 Heute

Die Diskussionen zum Ausbildungsgang begannen etwa 2003 – zu einem Zeitpunkt, als die digitale Revolution allenfalls ansatzweise erkennbar und in ihren Auswirkungen auf alle Geschäftsmodelle erahnbar war. Kann etwas damals „maßgeschneidert" Entwickeltes auch heute und morgen noch maßgeschneidert sein? Für das Heute – in diesem Kapitel betrachtet – gilt dies weitestgehend, bezogen auf das Morgen bestehen neue Anforderungen, bedarf es einer inhaltlichen Erweiterung.

Das Heute wird stellvertretend für den Bereich der Marktforschung am Beispiel von TNS Infratest und den hier zurzeit gemachten Erfahrungen mit Fachangestellten für Markt- und Sozialforschung beschrieben. Der Anforderungskatalog von TNS Infratest an Auszubildende, in offiziellen Unterlagen und bei Stellenangeboten genutzt, macht exemplarisch deutlich, welche Anforderungen Interessenten bei einer Bewerbung erfüllen sollten.

Auszüge aus einer TNS Infratest-Suchanzeige für Fachangestellte:

„*Möchtest du wissen*, was Käufer von einem modernen Smartphone erwarten, welches Motorrad deutschlandweit das Beliebteste ist, welche Verpackung bei den Konsumenten gut ankommt, welches Bankinstitut das kundenfreundlichste Image hat oder wie junge Leute heute die Welt sehen?

Dann finde es mit uns heraus!

Im Rahmen einer maximal 3-jährigen Ausbildung *machen wir dich fit* für eine Tätigkeit in der Markt- und Sozialforschung. Du lernst, *Informationen* zu sammeln, aufzubereiten und darzustellen, Projekte zu managen und interne sowie externe *Partner* zu koordinieren. Dabei arbeitest du mit modernsten Kommunikationsmitteln und Systemen in einem freundschaftlichen *Team* und erlebst, wie wir gemeinsam für große und bekannte *Kunden* interessante Studien durchführen.

Du treibst Dinge voran? Dann komm zu uns, wenn du Folgendes mitbringst:

- (Fach-) Abitur bzw. sehr guter Realschulabschluss oder abgebrochenes Studium
- Gute *Computerkenntnisse* in MS Word, idealerweise auch in MS Excel und MS PowerPoint
- Sehr *gute Deutschkenntnisse* sowie gute *Englischkenntnisse* in Wort und Schrift

- *Spaß am Umgang mit Zahlen*
- Idealerweise erste *Erfahrungen mit Büroarbeit* oder *organisatorischen Tätigkeiten* im Rahmen von Ferienjobs oder Praktika
- *Neugierde, hohe Lernbereitschaft und Motivation*
- Interesse an wirtschaftlichen und psychologischen *Zusammenhängen*
- Freude an *Teamarbeit* sowie am Arbeiten in einem flexiblen und *dynamischen Umfeld*

Hier wird ein weiterer Anforderungsaspekt deutlich, auf den auch im Weiteren noch vertiefend eingegangen wird: Persönlichkeitsmerkmale und soziale Kompetenz. Die fachlichen Voraussetzungen einerseits und die erwarteten Persönlichkeitsmerkmale andererseits legen die Latte für Interessenten an diesem Ausbildungsberuf sehr hoch. Dies ist sicherlich neben der noch nicht ausreichenden Kenntnis dieses Ausbildungsberufes in Schule, Berufsberatung und auch Ausbildungsbetrieben ein Grund dafür, warum die Anzahl der Bewerber nicht höher ist. Nicht sehr viele trauen sich ein so umfassendes und vielfältiges Anforderungsprofil zu. Dies führt übrigens dazu, dass unter denjenigen, die diese Ausbildung dann beginnen, die Abbrecherquote sehr gering ist, die Anzahl der Übernahmen im Betrieb und/ oder eines Anschlussstudiums sehr hoch. Wer trotz der hohen Anforderungen diesen Ausbildungsgang als maßgeschneidert für sich selbst sieht, die oder der ist dann auch hoch motiviert. Das von fast allen Auszubildenden und fast allen Ausbildungsbetrieben wiedergegebene und bestätigte Ergebnis: hohe Zufriedenheit, hohe Qualität der Auszubildenden und damit eine sehr gute Berufschance. Fast alle Auszubildenden entschließen sich entweder zu einem erweiterten Studium (oft in weiterer Anbindung an den Ausbildungsbetrieb z.B. durch Teilzeitarbeit) oder werden von den Ausbildungsbetrieben übernommen – oft mit attraktiven Entwicklungs- und Karriereperspektiven.

Stellvertretend für viele Ausbildungsbetriebe sind die Erfahrungen der Ausbildungsleiterin von TNS Infratest:

> Die Auszubildenden sind in der Regel nach ca. drei Monaten schon so weit, dass man sie gut *im täglichen Arbeitsalltag* einsetzen kann ...
>
> Wir haben bisher alle Auszubildenden, die eine Übernahme in ein Anstellungsverhältnis wollten, *übernommen* und sie als Research Executive wei-

ter beschäftigt. Wir sind mit allen übernommenen Azubis auch in ihrer neuen Rolle *sehr zufrieden*. Die Azubis, die jetzt studieren, sind uns als Minijobber ebenfalls *erhalten geblieben*.

Berufsbild in der Praxis
Wir haben seit 2007 Profil und Schwerpunktsetzung des betrieblichen Ausbildungsplans immer wieder reflektiert und *leichte Änderungen* vorgenommen. In der Konsequenz bieten wir unseren Azubis *ein breites Spektrum* der Markt- und Sozialforschung, das auch methodisch breit angelegt ist (Schwerpunkt auf Quantitativ und Qualitativ, Berücksichtigung verschiedenster Erhebungsmethoden etc.). Wir haben bisher immer von unserem Ausbildungsinvestment *profitiert*. Man kann zusammenfassend sagen, dass die FAMS-Ausbildung *ein sehr guter Weg ist, den innerbetrieblichen Bedarf an Fachkräften für die Projektsteuerung und -abwicklung zu decken*.

Was kann die Behauptung einer maßgeschneiderten Ausbildung besser belegen als diese Beschreibung und Bewertung.

Exkurs – eine aktuelle Untersuchung

Unter dem Titel „Marktforschung 2015 – sind wir ausreichend für unsere Zukunft qualifiziert?" haben Marco Ottawa und Rochus Winkler eine Studie mit 33 psychologischen Einzelinterviews und 553 quantitativen Online-Interviews hauptsächlich bei Institutsmarktforschern und Betriebsmarktforschern in leitender Funktion zwischen dem 21.05. und 01.06.2015 durchgeführt. Erste Ergebnisse wurden auf dem BVM-Kongress 2015 (11.-12. Juni 2015 in Berlin) präsentiert. Die dort formulierten Anforderungen – auch wenn sie nicht speziell mit dem Fokus auf Fachangestellte ermittelt wurden – bestätigen die Richtigkeit der Kombination aus inhaltlich-handwerklichen Fähigkeiten einerseits und einem anspruchsvollen Persönlichkeitsprofil andererseits. Einige Beispiele:

a. Was müssen wir Marktforscher noch stärker ausprägen?: Neugierde, Leidenschaft mit Blick auf das Ganze, Aktivität, Offenheit für Neues.

b. Anforderungen an die Lehre: Mehr Praxisbezug! (Vermittlung neuer Methoden und Themen, vertiefte Methodenkenntnisse, mehr Praktika als Lehrbeauftragte etc.).

c. Anspruchsvoller Kanon aus Unternehmenskenntnissen, Branchenkenntnissen, Methoden- und Verfahrenswissen, Arbeitsweise inkl. persönlicher Eigenschaften / Umgangsformen kombiniert mit performativen Eigenschaften und unternehmerischem Denken.

4 Morgen

Fachangestellte für Markt- und Sozialforschung: Maßgeschneidert gestern! Maßgeschneidert heute! Maßgeschneidert morgen?

Warum ein Fragezeichen? Weil die Digitalisierung in rasendem Tempo zu Transformationsprozessen, zu neuen Geschäftsmodellen, auch zu völlig neuen Fragestellungen und Herausforderungen, neuen und alten – aber in jedem Fall vertieften – Methodologie-Diskussionen, zu vielen neuen Methoden geführt hat. Ist da der Ausbildungsgang noch zeitgemäß, ist das Curriculum und sind die vermittelten Inhalte zeitgemäß?

Was alles ist neu?

Zwischen der Erstellung des Rahmenlehrplans und aktuell 2015 hat es eine enorme Weiterentwicklung im Bereich der Methodik gegeben – auch, aber nicht nur durch Digitalisierung, neue Online-Forschungsverfahren, Big Data-Möglichkeiten verursacht. „Maßgeschneidert" bedeutet dann, dass diese Ansätze – soweit sie nicht vorübergehenden Charakter haben und eher Hypes sind – in der Ausbildung vermittelt werden müssen: Zu jedem dieser Ansätze gehören je andere Prozesse, die Fachangestellte für Markt und Sozialforschung im Hinblick auf die Kernaufgabe des Projektmanagements beherrschen müssen. Implizite Messverfahren wie Eyetracking, Beobachtungsverfahren am Point of Sale, Social Media Analysen, das Aufsetzen und Betreuen von Communities, Crowd Sourcing-Ansätze, apparative Verfahren z.B. durch das Setzen von Cookies bis hin zu biometrischen Verfahren sind nur eine Auswahl. Einige wesentliche Beispiele:

a. In der traditionellen Markt- und Sozialforschung entstehen im Rahmen der Digitalisierung völlig neue Konkurrenten aus dem Do-it-Yourself-Bereich einerseits und aus IT-getriebenen (Groß-)Unternehmen wie IBM, Microsoft, SAP und anderen andererseits. Umso wichtiger ist es, bereits in der Ausbildung den USP der Markt- und Sozialforschung und deren Differenzierung von solchen neuen Angeboten kennenzulernen und zu verinnerlichen. Die Einzigartigkeit der Markt- und Sozialforschung liegt u.a. in der interdisziplinären Verknüpfung von „Menschenkenntnis" (Soziologie und Psychologie), Kenntnis der Verfahren der empirischen Sozialforschung und der Statistik sowie Marken-, Marketing- und Marktkenntnis. Da diese differenzierenden Merkmale in Zukunft noch an Bedeutung gewinnen, ist deren Vermittlung in der Ausbildung zu intensivieren.

b. Die Digitalisierung hat zum einen zu einem verstärkten wissenschaftstheoretischen Diskurs geführt, aber auch darauf basierend zu einer Vielzahl neuer Methoden. Social Media-Analysen und Social Media-Monitoring sind ebenso klassische, aus der Markt- und Sozialforschung mittlerweile nicht mehr hinwegzudenkende Verfahren wie auch beobachtende Verfahren, Communities unterschiedlichster Art (hierein zählen auch Verfahren der Co-Creation), qualitative Verfahren wie Online-Gruppendiskussionen, implizite Messverfahren wie z.B. das Erfassen von Antwortzeiten, neurowissenschaftlich-basierte Verfahren. Die neuesten Entwicklungen drehen sich um die Anpassung von Befragungsmethoden für Mobile, speziell für Smartphones mit ihrem kleinen Monitor und deren besonderer Nutzungssituation (zwischendurch, mobil). Traditionelle Verfahren wie Telefoninterviews (mit der neuen Zielgruppe „Mobiles only") und Online-Umfragen über Smartphones sind im Hinblick auf Untersuchungsanlage, Grundgesamtheit und Stichprobe, Fragebogenformulierung/ -programmierung/ -gestaltung und vielem mehr neuartig und anders. Diese wichtigen Methoden gilt es in Theorie wie Projektmanagement-Praxis zu vermitteln, einzusetzen und zu beherrschen.

c. Der Vollständigkeit halber erwähnt sei die zunehmende Bedeutung von Desk Research und Sekundärdatenanalysen sowie den auf Big Data beruhenden Aufgaben der Datenfindung, Datenbewertung, Datenkombination/ -fusion, Datenanalyse und –interpretation. Dies verlangt häufig Spezialkenntnisse in Statistik oder Informatik und gehört damit nicht in den zentralen Aufgabenbereich von Ausbildung und Tätigkeitsfeld der Fachangestellten, sollte aber als eingesetzte Methode zumindest bekannt sein.

Alles dies ist bereits Standard oder wird in diesen Jahren Standard. All dies braucht im Hinblick auf qualitativ hochwertige Durchführung Standards – zu vermitteln in der Ausbildung! All dies braucht Knowhow, sei es bestehendes Knowhow angewandt auf neue Methoden, sei es komplett neues, diesen neuen Methoden geschuldetes Knowhow. Soweit es sich um Digitalisierung handelt (sei es als Thema, vor allem aber als Online-/ Internet-basierte Forschungsmethodik) braucht die Branche Digital Natives, die die neuen Ansätze und Methoden wie auch die etablierten Ansätze und Methoden qualitätsbewusst einsetzen können.

Passt die Ausbildung zu den neuen Herausforderungen in dieser „digitalen Big Data Welt"?

Der Blick auf den Rahmenlehrplan (s. Anhang) zeigt, dass die wesentlichen Parameter auch für diese neuen Herausforderungen von Anfang an richtig gewählt worden sind und so erhalten bleiben können. Der Rahmenlehrplan in seinen Lernfeldern bleibt richtig – die Inhalte zu den einzelnen Lernfeldern müssen jedoch maßgeschneidert angepasst und optimiert werden.

Hierfür, insbesondere für die Verbindung von Theorie und Praxis, wird die zentrale Verantwortung beim Ausbildungsbetrieb liegen. Der Ausbildungsbetrieb oder eine Kombination aus ausbildenden Betrieben muss die neuen Methoden und Inhalte im Rahmen des weiterhin gültigen Rahmenlehrplans sowohl in der Breite (also die Vielzahl neuer Methoden) wie auch in der Tiefe (nicht nur kennen, sondern auch in der Anwendung können) vermitteln. Das „Zauberwort" für eine maßgeschneiderte Ausbildung heißt noch mehr als je zuvor: Praxis!

„Maßgeschneidert" heißt darüber hinaus auf Seiten der Auszubildenden, sich neuen und auch in Zukunft schnell ändernden Anforderungen flexibel anpassen zu können, dieser kontinuierlichen Herausforderung des Berufsbildes gewachsen zu sein. Auch diese Notwendigkeit gilt es in der Ausbildung zu vermitteln.

5 Resümee

Die Ausbildung zum Fachangestellten für Markt- und Sozialforschung hat eine Ausbildungslücke in der Markt- und Sozialforschung geschlossen. Mit dem Rahmenlehrplan einerseits und vor allem auch mit den Auszubildenden andererseits sind durchweg sehr gute Erfahrungen gemacht worden. Leider besteht trotzdem eine noch zu geringe Bekanntheit dieses Ausbildungsberufes, eine zu geringe Nachfrage seitens der Auszubildenden und ein zu geringes Angebot seitens der potentiellen Ausbildungsbetriebe. Da sich die Branche nicht zuletzt durch die Digitalisierung getrieben in einem schnelleren Wandel als je zuvor findet, ist die „maßgeschneiderte" Ausbildung im Hinblick auf die vermittelten Inhalte kontinuierlich neu zu definieren. Neue Inhalte sind bei unveränderter Struktur der Ausbildung zu vermitteln.

Daraus resultieren die folgenden Empfehlungen:
- Den Rahmenlehrplan in seiner Struktur beibehalten, aber die Inhalte anpassen.
- Die Praxisausbildung und damit auch die notwendige Flexibilität und Anpassung der Inhalte als Kernaufgabe der Ausbildungsbetriebe sehen.
- Weiterhin konsequent auf den USP der Markt- und Sozialforschung hin ausbilden: u.a. Datenexpertise, Empirie, Qualität.
- All dies erweitern auf und transformieren in die digitalisierte Welt.

In dieser Form steht die Ausbildung zum Fachangestellten für Markt- und Sozialforschung im Übrigen pars pro toto für die (neuen) Herausforderungen an die Ausbildung für Markt- und Sozialforschung generell.

Informationen zum Ausbildungsberuf „Fachangestellte(r) für Markt- und Sozialforschung" finden sich:
- https://www.adm-ev.de/ausbildungsberuf0/
- http://bvm.org/fams/

Fortbildung in der amtlichen Statistik

Christian Bertram und Sabine Köhler
Statistisches Bundesamt

1 Inhouse-Schulungen und Seminare externer Partner

Wer im Statistischen Bundesamt (Destatis) arbeitet, hat viele Möglichkeiten sich weiterzubilden. Ein umfangreiches Seminarprogramm bietet Inhouse-Schulungen zu Informationstechnik und Datensicherheit, Fremdsprachen, Soft Skills und speziellen Fachthemen. Das Programm wird durch externe Fortbildungen unter anderem an der Bundesakademie für öffentliche Verwaltung und auf europäischer Ebene erweitert. Auch mit den Statistischen Ämtern der Länder werden zahlreiche gemeinsame Fortbildungsveranstaltungen durchgeführt. Durchschnittlich 2,5 Tage haben sich die über 2.300 Beschäftigten von Destatis im Jahr 2014 fortgebildet. Neben etwa 150 Inhouse-Schulungen koordinierte das Statistische Bundesamt u.a. 55 gemeinsame Seminare mit den Statistischen Ämtern der Länder und 17 Veranstaltungen der Bundesakademie für öffentliche Verwaltung (BAköV).

Destatis ist in der glücklichen Lage, auch 2015 wieder ein breites Angebot an Inhouse-Seminaren an den Standorten Wiesbaden und Bonn anbieten zu können.

Das *Seminarprogramm*, das jährlich im Intranet veröffentlicht und allen Beschäftigten in Printform zugesandt wird, ist nach folgenden 10 Themenblöcken aufgegliedert.

- Einführungsfortbildung für neue Mitarbeiter(-innen)
- Führungskräftefortbildung
- Gesundheits- und Sozialmanagement, Arbeitsschutz
- Kommunikation, Presse, Öffentlichkeitsarbeit

- Persönliche Arbeitsgestaltung
- Lehrmethodik und Didaktik für Ausbilder / Dozenten
- Allg. Statistik / Methodik / Qualität / Fachstatistik
- Informationstechnik (Schwerpunkt: Outlook, SAS und Office)
- Recht / Datenschutz und Informationssicherheit
- Sprachen

Seit 2011 hat das Fortbildungsprogramm ein *Motto*, z.B. 2011: „Demografischer Wandel als Herausforderung" und 2012: „Wissensmanagement/-Transfer als Herausforderung in der Informationsgesellschaft". Das Motto im Jahr 2015 ist: „Lernen im digitalen Zeitalter". Es soll zum einen auf das wachsende Angebot an E-Learning aufmerksam machen und zum anderen auf im Jahr 2015 stattfindende Schulungen zum neuen Outlook (mit den Funktionalitäten von Exchange) hinweisen. Das Statistische Bundesamt bietet allgemein allen Beschäftigen bei der Einführung neuer Software umfangreiche Schulungen an. Dies wird durch Multiplikatoren ermöglicht. Das sind besonders geschulte Beschäftigte, die als Dozenten eine große Palette an Office-Schulungen durchführen.

Das breite Fortbildungsangebot für die Mitarbeiter/innen ist überhaupt nur möglich, weil eine *Vielzahl von internen Dozentinnen und Dozenten* bereit ist, an der Weiterqualifikation ihrer Kolleginnen und Kollegen mitzuwirken. Daneben gibt es *zahlreiche Experten aus Wissenschaft, Verwaltung und Wirtschaft,* die Kurse bei Destatis geben. Hierzu zählen beispielsweise Seminare zu den Themen ‚Imputationsverfahren in der Praxis' und ‚Small Area Estimation'.

Im Statistischen Bundesamt finden neben den regulären Seminaren auch ca. 50 *Kurzveranstaltungen zu wechselnden Themen* statt. In zweistündigen Vorträgen berichten Kolleginnen und Kollegen von Destatis über aktuelle Projekte aus ihrem Arbeitsbereich und geben so ihr Wissen im Sinne von „Best Practice" weiter.

Über die hausinternen Veranstaltungen hinaus können die Beschäftigten das vielfältige *Angebot der Bundesakademie für öffentliche Verwaltung (BAköV)* nutzen, aus dem ca. 20 Veranstaltungen im Jahr als dezentrale Seminare von der Aus- und Fortbildung im Statistischen Bundesamt organisiert werden und im Haupthaus in Wiesbaden stattfinden. Rund 22 Bundesbehörden und weitere Einrichtungen der Bundesverwaltung im Rhein-Main Gebiet entsenden Teilnehmende zu diesen Veranstaltungen. Die Themenschwerpunkte legen die Bundesakademie und alle angeschlossenen Institutionen jedes Jahr in einer Programmplanungssitzung neu fest. Die Platzvergabe erfolgt über ein dynamisches Kontingentierungssystem.

Die *Gemeinsame Fortbildung der Statistischen Ämter des Bundes und der Länder (GemFo)* bietet ca. 60 Seminare jährlich an. Diese richten die Statistikämter für die Teilnehmenden aus dem Verbund arbeitsteilig an ihren Standorten aus. Die Gesamtkoordination liegt bei der Aus- und Fortbildung im Statistischen Bundesamt. Im Rahmen der GemFo steht die Schulung statistischer Fachthemen (wie z.B. verschiedene Datenverarbeitungsverfahren und neue statistische Methoden) im Vordergrund.

Das *Angebot des Bundessprachenamtes* ist eine weitere Qualifizierungsmöglichkeit, die alle Beschäftigten von Destatis nutzen können. Einzelne Kolleginnen und Kollegen können hier Kurse (vom wöchentlichen Gesprächskreis bis hin zum mehrwöchigen Intensivtraining) besuchen.

Das *Europäische Statistische Fortbildungsprogramm (ESTP)* bietet ca. 50 Seminare pro Jahr an attraktiven Standorten in ganz Europa überwiegend zu Themen der amtlichen Statistik an. Hier können Kolleginnen und Kollegen des Statistischen Bundesamtes sich ebenfalls auf Teilnehmerplätze bewerben.

Über das allgemeine Fortbildungsprogramm hinaus bietet das Statistische Bundesamt seinen Beschäftigten die Möglichkeit, *individuelle Fortbildun-*

gen bei externen Anbietern zu besuchen. Hierzu zählt auch der Besuch von wissenschaftlichen Seminaren, die z.B. der GESIS-Verbund anbietet.

2 E-Learning als sinnvolle Ergänzung von Präsenzschulungen

Seit einigen Jahren baut Destatis schrittweise sein Angebot an E-Learning-Maßnahmen aus, um die Fortbildung sinnvoll zu ergänzen und ein flexibles, zeitlich und räumlich unabhängiges Lernen zu ermöglichen. Eine *hauseigene Lernplattform* steht seit Oktober 2014 allen Kolleginnen und Kollegen zur Verfügung. Die Rahmenbedingungen für E-Learning im Statistischen Bundesamt sind in einer Dienstvereinbarung festgehalten. In diesem Zusammenhang hat die Aus- und Fortbildung an den Standorten Bonn und Wiesbaden Lernstationen eingerichtet, um Beschäftigten die Nutzung von E-Learning auch abseits ihres Arbeitsplatzes zu ermöglichen. Zusätzlich sind Kopfhörer und Türschilder für alle Lernenden erhältlich. Die Türschilder weisen auf die Lernsituation hin, die Kopfhörer ermöglichen eine störungsfreie Nutzung von Lernprogrammen mit Audioausgabe.

Neben den Beschäftigten des Bundesamtes können auch die *Statistischen Landesämter* auf die Lernplattform zugreifen und angebotene Lernsoftware nutzen. In einem Projekt entwickelt das Statistische Bundesamt zurzeit gemeinsam mit den Statistischen Ämtern der Länder das großangelegte *Lernprogramm „Einführung in die amtliche Statistik"*.

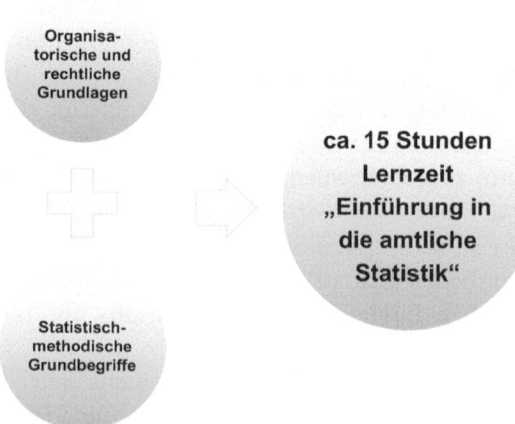

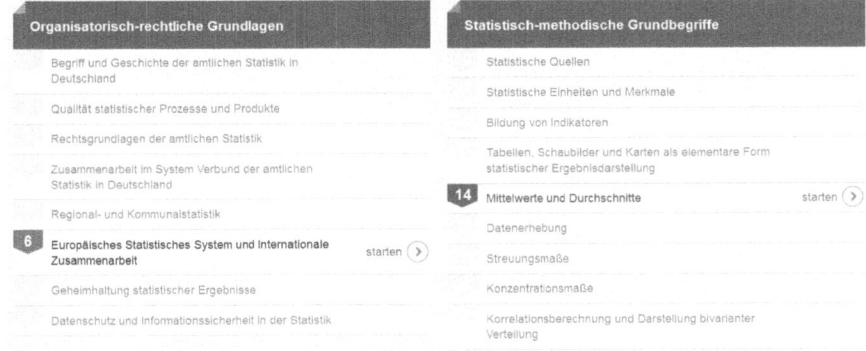

In 18 E-Learning Modulen erhalten Interessierte einen detaillierten Überblick über organisatorisch-rechtliche sowie statistisch-methodische Grundlagen. Bis Anfang 2016 werden die 18 Module schrittweise fertiggestellt. Künftig sollen darüber hinaus auch andere an der Statistikproduktion beteiligte Institutionen Zugriff erhalten, auch ein Einsatz im Rahmen der Hochschulausbildung ist zurzeit in Prüfung.

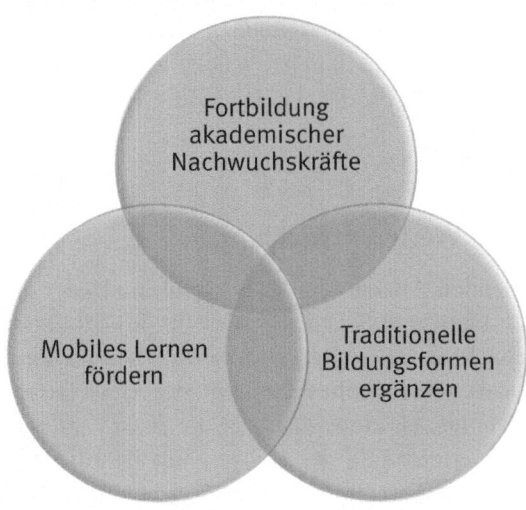

Eine große Herausforderung bei der Einführung von E-Learning war die *Barrierefreiheit* von Lernplattform und Lernsoftware. An der Verbesserung der Barrierefreiheit arbeitet das Statistische Bundesamt gemeinsam mit dem Verein, der die Open Source Software für die ILIAS-Lernplattform weiterentwickelt. Destatis ist dadurch maßgeblich an der Verbesserung der Barrierefreiheit im Ilias-System selbst beteiligt, welches auch an vielen Hochschulen und in anderen Institutionen zum Einsatz kommt. Von diesen Verbesserungen könnten künftig alle Nutzer profitieren.

Ebenfalls große *Herausforderungen* bei der Beschaffung von E-Learning-Inhalten sind – neben den geltenden *Datenschutzbestimmungen* – vor allem die restriktiven *IT-Sicherheitsvorgaben* innerhalb der Bundesverwaltung. Als Lösung für den Betrieb seiner Lernplattform hat sich das Statistische Bundesamt deshalb als Mandant an die BAköV angegliedert und nutzt deren IT-Infrastruktur. Für die Lerninhalte und Programme sind die Standards für IT Architektur (z.B. Saga 5 Richtlinie der Bundesverwaltung, keine Verwendung aktiver Inhalte) zu beachten. Dies ist für eine Vielzahl der am Markt angebotenen Lernsoftware problematisch, da diese weder den hier formulierten Anforderungen noch dem Anspruch an Barrierefreiheit genügt. Destatis muss daher viele Lerninhalte und -programme selbst erstellen. Zurzeit werden dennoch am Markt angebotene Lernprogramme (z.B. in den Bereichen Sprachtraining, Gedächtnistraining und ggf. zur Gesunderhaltung am Bildschirmarbeitsplatz (Rückentraining)) auf ihren möglichen Einsatz bei Destatis getestet. Leider ist die Auswahl aus o.g. Gründen sehr begrenzt.

3 Strategische Weiterentwicklungen

Neben den bestehenden Angeboten der Fortbildung in der amtlichen Statistik (Präsenzschulungen und E-Learning) treibt das Statistische Bundesamt einige strategische Projekte weiter voran. Die *Entwicklung neuer Fortbildungsrichtlinien*, als wesentliches Element der Umsetzung des Personalentwicklungskonzeptes, ist eines davon. Eine *neue Fortbildungsdatenbank*, über die alle Mitarbeiter/innen des Hauses Zugriff auf die fortbildungsrelevanten Inhalte haben (mit einem elektronischen Workflow zur Abfrage, Interessensbekundung und Anmeldung zur Fortbildung), ist ein weiteres Projekt. Alle Maßnahmen haben insgesamt das Ziel, die *Bedarfsorientie-*

rung zu *verstärken*. Im Vordergrund steht hierbei die Frage: was braucht eine Mitarbeiterin/ein Mitarbeiter, um ihre/seine Aufgaben besser erledigen zu können? Diese Idee ist unmittelbar verbunden mit der jährlich im Kooperationsgespräch zwischen Vorgesetzten und Mitarbeitern stattfindenden Fortbildungsplanung, die das Personalentwicklungskonzept im Statistischen Bundesamt vorsieht. Ergeben sich in diesem Zusammenhang Sonderbedarfe, steht das Fortbildungsteam als serviceorientierter Ansprechpartner zur Verfügung und unterstützt die Fachbereiche des Hauses bei der Realisierung notwendiger Schulungen.

Immer breiteren Raum nimmt auch das *informelle Lernen* ein. Neben den beschriebenen Kurzveranstaltungen bieten u.a. die seit 2014 durchgeführten Referats- und Gruppenleitungsforen eine gute Plattform, um sich zu strategischen Dingen auszutauschen und vom anderen zu lernen.

EMOS –
Der European Master in Official Statistics

Markus Zwick
Abgeordneter Nationaler Experte beim Statistischen Amt der Europäischen Union (Eurostat)

1 Einleitung

Der European Master in Official Statistics (EMOS) ist nicht länger nur eine gute Idee, EMOS ist seit dem 21. Mai 2015 Realität. Auf seiner 25. Sitzung zeichnete der Ausschuss für das Europäische Statistische System (AESS) die ersten zwölf universitären Masterprogramme mit dem EMOS-Label aus. Damit werden ab dem Wintersemester 2015/2016 europaweit Masterprogramme starten, die im Kern der Ausbildung weite Themenbereiche der amtlichen Statistik umfassen.

Aber auch in einer anderen Hinsicht ist EMOS real: Neben der inhaltlichen Ausrichtung ist EMOS mittlerweile ein gut ausgebautes europäisches Netzwerk von Universitäten, nationalen statistischen Ämtern, Zentralbanken und weiteren Datenproduzenten, die sich eng in Fragen der amtlichen Statistik austauschen.

Es war ein langer Weg von den ersten Ideen zu EMOS bis zur nunmehr konkreten ersten Umsetzung. Die folgenden Ausführungen werden zu Beginn darauf eingehen, warum EMOS für statistische Institutionen, Universitäten sowie für die Studierenden ein attraktives Angebot darstellt. Kapitel 3 wird kurz die im Wesentlichen im Jahr 2013 durchgeführte EMOS-

---

*   Dieser Beitrag erschien bereits in der Zeitschrift „Wirtschaft und Statistik", Heft 05/2015 und ist als solcher auch im Internetangebot vom Statistischen Bundesamt als kostenloser Download verfügbar.

Machbarkeitsstudie beschreiben. Aufbauend auf dieser Studie entwickelte Eurostat, das Statistische Amt der Europäischen Union, mit einer Gruppe von Experten (Group of Experts) eine konkrete Struktur für EMOS. Dieses Konzept wurde vom AESS im Mai 2014 angenommen und in der Folge der erste EMOS Call for Interest veröffentlicht. Dies wird Gegenstand der Kapitel 4 und 5 sein. Ein Ausblick, wesentlich bis zur vorgesehenen Evaluierung von EMOS im Jahr 2017, schließt diesen Übersichtsartikel ab.

2 Warum ein Europäischer Master in Official Statistics?

Von statistischer Ausbildung oder gar von der Ausbildung in amtlicher Statistik kann man ja aufgrund von Marketingüberlegungen heute kaum noch reden. Der moderne Statistiker ist ein Data Scientist (Davenport und Patil 2012), Big Data Analyst oder zumindest iStatistician. Dabei ist die Rückbesinnung auf die Kerne der amtlichen Statistik, gerade in Zeiten von Big Data, wichtiger denn je.[1] Entscheidungen in unserer evidenzbasierten Gesellschaft beruhen mittlerweile nahezu in allen Bereichen auf Daten.

Es ist die statistische Kunst, aus der Beschreibung von Massenphänomenen mittels Zahlen entscheidungsrelevantes Wissen zu generieren. Dieser Weg ist komplex und beginnt nicht mit der mathematisch-statistischen Methodik, die auf Daten aufsetzt. Insbesondere die statistische Erfassung und Aufbereitung vor der statistischen Auswertung ist ein Kernbestandteil der amtlichen Statistik. Dieser Bereich ist derzeit einem erheblichen Wandel unterworfen, der mit den administrativen Daten begann. Vielfach liegen mittlerweile Massendaten schon vor, müssen für ein Untersuchungsziel nicht mehr gesondert erhoben werden. Gerade hier ist es aber weiterhin von höchster Bedeutung, den Generierungsprozess der Daten, Grenzen und Lücken, mit einem Wort: die Qualität der Daten, verstehen zu können.

2.1 Das Interesse der Datenproduzenten an EMOS

Seit einigen Jahren wird beklagt, dass Inhalte der amtlichen Statistik nur noch eingeschränkt an den Hochschulen gelehrt werden (von der Lippe und Schmerbach 2003). Daher sollten Datenproduzenten, innerhalb wie außerhalb der amtlichen Statistik, aus vielfachen Gründen ein Interesse haben,

---

1 Zu Big Data in der amtlichen Statistik siehe Zwick (2015).

aktiv innerhalb der universitären statistischen Ausbildung eingebunden zu sein (Townsend 2011).

Diese Gründe sind:
- besser ausgebildete Newcomer,
- Einfluss auf die Lehrinhalte,
- Zugang zum akademischen Nachwuchs,
- Statistical Literacy,
- Zugang zu Hochschulkursen im Rahmen der permanenten Weiterbildung.

Die beiden erstgenannten Punkte sind oben zum Teil schon benannt. Aber es ist nicht nur der Fall, dass neu eingestellte Mitarbeiter – durch eine aktive Teilnahme der Datenproduzenten in der Lehre – besser in Fragen der amtlichen Statistik ausgebildet sind, es ist insbesondere auch der Zugang zum empirisch ausgebildeten akademischen Nachwuchs, der durch eine aktive Beteiligung an der universitären Ausbildung ermöglicht wird.

Vor allem in Ländern mit niedrigen Fertilitätsraten – und Deutschland gehört dazu – ist und wird der sogenannte War for Talents besonders intensiv sein (Michaels et al. 2001). Die reine Quantität von Hochschulabsolventen wird aufgrund geringer Geburtenraten abnehmen. Darüber hinaus werden empirisch ausgebildete Akademiker in Zeiten von Big Data ausgesprochen gut am Markt entlohnt.[2]

Ein Engagement in der Hochschulausbildung ist daher eine sehr gute Möglichkeit, junge Akademikerinnen und Akademiker schon frühzeitig in der Ausbildung an die amtliche Statistik thematisch sowie auch als einen möglichen Arbeitgeber heranzuführen.

Weiter ist es für Datenproduzenten von großem Interesse, dass auch die Nutzer der Daten ein ausreichendes Verständnis hinsichtlich der Datenproduktion und -interpretation haben. Die Fertigkeit, statistische Angaben sachgerecht zur Entscheidungsfindung zu nutzen, wird mit dem Begriff „Statistical Literacy" bezeichnet.[3] EMOS ist hierbei die Möglichkeit, auch Absolventen, die in ihrem späteren Berufsleben nicht bei einem Datenpro-

---

2   Zur aktuellen Entlohnung von Data Scientists siehe Lohr (2015).
3   Zum Thema Statistical Literacy und amtliche Statistik siehe beispielsweise Forbes 2011.

duzenten, sondern auf der Seite der Datennutzer beschäftigt sein werden, in Fragen der amtlichen Statistik auszubilden.

Darüber hinaus bietet EMOS den Statistischen Ämtern die Möglichkeit, Universitätskurse in die interne Weiterbildung einzubinden. Ein Beispiel hierfür sind die EMOS Webinars. Die erste EMOS Springschool gab den nationalen statistischen Ämtern europaweit die Möglichkeit, über Webstream und Twitter an universitären Kursen teilzunehmen.[4] Beispielsweise haben die nationalen Statistikämter in Mazedonien und Spanien die EMOS Springschool als Weiterbildungskurs in ihren jeweiligen Ämtern genutzt.

2.2 Das Interesse von Hochschulen und Studierenden an EMOS

Spätestens seit der Bologna-Reform sehen sich die Universitäten einem immer stärker werdenden Wettbewerb um die besten Studentinnen und Studenten ausgesetzt. Insbesondere gut ausgebildete Bachelorabsolventen stehen für die immer zahlreicheren verschiedenen Masterstudiengänge im Fokus dieses Wettbewerbs. Aus diesem Grund sind Universitäten bestrebt, bei der derzeit zu beobachtenden starken thematischen Diversifizierung der Masterstudiengänge Alleinstellungsmerkmale ihrer Programme zu schaffen, die für die Studierenden attraktiv sind.

Datenbasiertes Denken hat in der heutigen Gesellschaft einen hohen Stellenwert und eine Vielzahl an Verwertungsmöglichkeiten am Arbeitsmarkt. EMOS bietet in genau diesem Bereich eine Ausbildung, dies darüber hinaus mit der Möglichkeit, empirisches Wissen auch direkt in die Praxis umzusetzen. Ein wichtiger Bestandteil der EMOS-Ausbildung sind Praktika und Masterabschlussarbeiten bei und mit einem Datenproduzenten. Alle Masterprogramme, die mit dem EMOS-Label ausgezeichnet worden sind, bieten eine intensive Zusammenarbeit mit einem Statistischen Amt oder einer Zentralbank an.

Die auf der weiter unten dargestellten EMOS-Machbarkeitsstudie basierenden Prognosen sind hinsichtlich des Studenteninteresses positiv. Auch die eigenen Erfahrungen mit der Vorlesung „Wirtschafts- und Sozialstatistik" an einer Reihe deutscher Universitäten zeigen ein großes Interesse der Studierenden an Themen der amtlichen Statistik. Wenn die Studierenden die Fächer wählen, sind die Universitäten bestrebt, diese auch anzubieten.

---

4   Siehe hierzu http://www.cros-portal.eu/content/emos-spring-school-2015

Dies zeigt auch die Beteiligung am ersten „EMOS Call for Interest", an dem sich 23 europäische Masterprogramme beteiligten.

3 Die EMOS-Machbarkeitsstudie

Die Idee, universitäre Masterprogramme mit Inhalten der amtlichen Statistik zu verbinden, wird seit 2008 unter der Begrifflichkeit „European Master in Official – EMOS" innerhalb des Europäischen Statistischen Systems (ESS) diskutiert. Ein erster EMOS-Workshop in Southampton 2010 zeigte aber noch deutlich, dass hinter dem Akronym EMOS bei Statistischen Ämtern wie Universitäten sehr unterschiedliche Vorstellungen vorhanden waren.[5]

In der Folge war EMOS innerhalb der Europäischen Kommission kein drängendes Thema. Es waren insbesondere die nationalen Statistikämter – und hier vor allem das italienische Amt ISTAT – sowie einige europäische Universitäten, die weiter intensiv an der Idee EMOS arbeiteten. Ausgehend von diesen Initiativen griff Eurostat das Thema EMOS als ein „Vision Infrastructure Project" im Jahr 2012 wieder auf und finanzierte eine im Jahr 2013 durchgeführte Machbarkeitsstudie zu EMOS.[6]

Das Konsortium GENES/ICON[7] führte die Machbarkeitsstudie „Towards a European Master in Official Statistics" in Verbindung mit Eurostat im Jahr 2013 durch. Kern der Studie waren zwei Befragungsreihen, die als quantitative und qualitative Untersuchung bezeichnet wurden.[8]

Die quantitative Untersuchung befragte mittels eines Online-Fragebogens Verantwortliche von 700 Masterprogrammen aus 39 europäischen Ländern hinsichtlich Aufbau und Inhalt ihrer Angebote. Die jeweiligen Studiengänge hatten fachlich unterschiedliche Schwerpunkte (Statistik, Sozial- und Wirtschaftswissenschaften, Geografie und so weiter), aber alle

---

5 Zum ersten EMOS-Workshop siehe http://www.s3ri.soton.ac.uk/courses/european-masters/
6 Zu Details hinsichtlich der EMOS-Historie siehe Kofoed et al. 2012.
7 GENES – Group of National Economics and Statistics Schools des französischen Statistikamtes INSEE sowie das Consultingunternehmen ICON – Institute erhielten innerhalb eines Tenderverfahrens den Zuschlag zur Durchführung der Studie.
8 Zu den detaillierten Ergebnissen der Studie „Towards a European Master in Official Statistics" siehe http://www.cros-portal.eu/content/results-feasibility-study

einen engeren Bezug zur Statistik. 155 vollständig ausgefüllte Fragebögen gingen in die Analyse ein.

Die qualitative Untersuchung basierte auf persönlichen Interviews, die an Hochschulen wie in nationalen Statistikämtern durch das Konsortium durchgeführt wurden. Insgesamt wurden in 14 europäischen Ländern Gespräche mit Vertretern aus 41 Universitäten und 14 nationalen statistischen Ämtern geführt.

Ein zentrales Ergebnis der Machbarkeitsstudie war, dass die Universitäten insgesamt ein großes Interesse an EMOS haben, aber dafür nur bedingt ihre etablierten Lehrpläne umstellen können. In vielen europäischen Ländern bedeutet die Einführung neuer Masterstudiengänge ein aufwendiges Akkreditierungsverfahren, welches nur über einen längeren Zeitraum möglich ist. Daher war die Empfehlung innerhalb der Studie, EMOS als Label für laufende Masterprogramme auszugestalten und erst mittelfristig vollständig neu konzipierte Masterstudiengänge anzustreben.

Ein weiteres Ergebnis war, dass EMOS nicht wie zunächst angedacht vollständig als englischsprachiges Programm angeboten werden sollte. Die Empfehlung war, nur Kernbereiche in englischer Sprache vorzusehen und die weiteren Kurse hinsichtlich der Sprache offen zu gestalten.

4 Das EMOS-Konzept

Die aus den quantitativen und qualitativen Untersuchungen abgeleiteten Empfehlungen der Machbarkeitsstudie bildeten in der Folge die Basis zur Entwicklung des EMOS-Konzepts durch die Group of Experts[9] und Eurostat zu Beginn des Jahres 2014. Das EMOS-Konzept umfasst zwei wesentliche Komponenten: zum einen den EMOS-Lehrplan und zum anderen das EMOS-Prozessmodell. Das entwickelte Konzept wurde im Mai 2014 dem AESS zur Entscheidung vorgelegt und einstimmig angenommen.[10]

---

9 Zur Group of Experts siehe http://www.cros-portal.eu/content/group-experts
10 http://www.cros-portal.eu/sites/default/files//EMOS%20at%20the%20ESSC.pdf

4.1 Das EMOS-Curriculum

Der Lehrplan geht in seiner Grundstruktur von einem zweijährigen Masterprogramm mit 120 ECTS [Europäisches System zur Anrechnung (und Akkumulierung) von Studienleistungen] aus.[11] Aber auch kürzere Masterprogramme können an EMOS teilnehmen, wenn sie gemäß dem Bologna-Prozess organisiert sind. Der EMOS-Lehrplan umfasst drei Blöcke an Kursen sowie ein Praktikum und eine Abschlussarbeit.

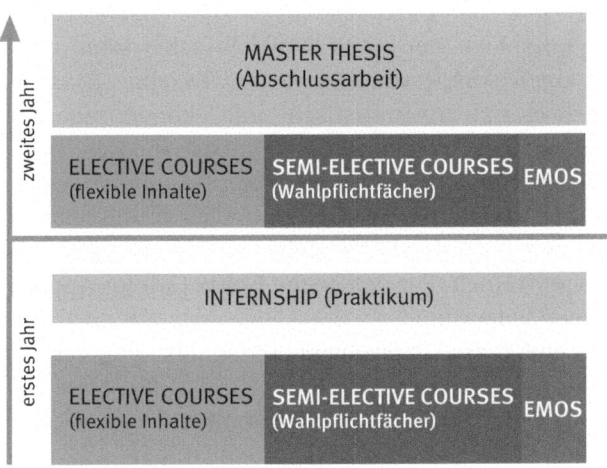

Abbildung 1   EMOS Curriculum

Wesentlich innerhalb des Kurssystems ist das sogenannte EMOS-Core-Modul. Es umfasst 10% der ECTS und enthält insbesondere Themen der amtlichen Statistik. Kennzeichnend für die Themen des EMOS-Core-Moduls ist es, dass die Erfahrung und das Wissen über die Inhalte in der Regel auf der Seite der Datenproduzenten liegen. Folgende Themen sind innerhalb des EMOS-Core-Moduls verpflichtend:

---

11 Zum European Credit Transfer and Accumulation System siehe http://ec.europa.eu/education/ects/ects_en.htm

European Statistical System (ESS), Code of Practice, Quality, Production Model (GSBPM)[12], Data Management, Metadata, Sampling Theory, Statistical Disclosure Control, Data Law, Administrative Data, Big Data in Official Statistics, Classification, Evaluation and Monitoring, Statistical Data Editing.

Für den ersten EMOS Call for Application entwickelte der EMOS-Beirat eine detaillierte Beschreibung von insgesamt 14 Lernergebnissen mit einer umfangreichen Literaturliste zur inhaltlichen Konkretisierung des EMOS-Core-Moduls.[13]

Der zweite Kursblock, der die Wahlpflichtfächer (semi-elective courses) umfasst, hat einen Anteil von 30% der ECTS eines Masterprogrammes. Hierbei handelt es sich um statistische und ökonomische Themengebiete, die einen engen Bezug zur amtlichen Statistik ausweisen. Üblicherweise sind diese Themen auch gegenwärtig schon Bestandteil vieler Masterprogramme. Die Positivliste der Wahlpflichtfächer umfasst mehr Themengebiete, als sich mit 30% der ECTS abdecken lassen; somit besteht hier in Maßen eine Wahlfreiheit. Für den ersten EMOS Call for Application wurden folgende Themen benannt:

Survey Methodology, Government and Public Finances, Demography, Price Statistics, Econometrics, Econometrics of Time Series and Panel Data, Multivariate Statistics, Small Area Estimation and Spatial Statistics, Statistical Computing, Record Linkage and Statistical Matching.

Der letzte Kursblock (elective courses) ist inhaltlich von den Hochschulen vollständig frei gestaltbar. Dieser Block an flexiblen Kursinhalten soll es ermöglichen, dass sich verschiedenste Masterprogramme erfolgreich an EMOS beteiligen können.

Als wichtiger praktischer Teil gelten das Praktikum (Internship) mit 10% der ECTS sowie die Master-Abschlussarbeit mit 25% der gesamten ECTS eines Masterprogramms. Das Praktikum soll innerhalb der Räumlichkeiten eines Datenproduzenten erfolgen. Dies kann ein nationales statistisches Amt, eine Zentralbank oder ein weiterer nationaler Datenproduzent im Sinne

---

12 Zum GSBPM siehe http://www1.unece.org/stat/platform/display/metis/The+Generic+Statistical+Business+Process+Model

13 Siehe Annex 3 des Guide for Applicants (http://www.cros-portal.eu/sites/default/files//EMOS_Guide%20for%20applicants.docx.pdf).

der Kommissionsverordnung (EG) Nr. 223/2009[14] sein. Auch weitere, durchaus auch privat organisierte Datenproduzenten können zugelassen werden, wenn das jeweilige nationale statistische Amt die Qualität des Praktikums bei diesem Datenproduzenten bestätigt. Die Dauer des Pflichtpraktikums kann aufgrund der vorgesehenen Anzahl an ECTS nicht deutlich über acht Wochen liegen.

Im Idealfall finden die Studierenden während des Praktikums ein Thema für die Master Thesis, die dann seitens der Datenproduzenten inhaltlich mitbetreut wird. Die alleinige Verantwortung der Universitäten bei der Beurteilung der Abschlussarbeiten bleibt hierbei unberührt.

4.2 Das EMOS-Prozessmodell

Basierend auf den Ergebnissen der Machbarkeitsstudie ist EMOS als Label für laufende Masterprogramme konzipiert. Das EMOS-Prozessmodell beschreibt die Verfahrensweise, wie Universitäten das EMOS-Label beantragen und erhalten können. Das EMOS-Label wird für vier Jahre vergeben, Verlängerungen sind möglich und vorgesehen.

Um einen hohen und dauerhaften Qualitätsstandard des EMOS-Labels zu sichern, wurde dem Ausschuss für das Europäische Statistische System (AESS) vorgeschlagen, dass dieser die Verantwortung für das EMOS-Label übernehmen soll, der AESS quasi als Eigner des EMOS-Labels agiert. Der AESS, als Gremium der Leiterinnen und Leitern der statistischen Ämter des Europäischen Statistischen Systems, ist somit qualitätsverantwortlich und vergibt das EMOS-Label.

Der AESS wird in dieser Aufgabe durch den EMOS-Beirat beraten und unterstützt. Der EMOS-Beirat evaluiert Anträge von Universitäten zur Erlangung des EMOS-Labels und schlägt bei positiver Begutachtung das entsprechende Masterprogramm dem AESS zur Verleihung mit dem EMOS-

---

14 Verordnung (EG) Nr. 223/2009 des Europäischen Parlaments und des Rates vom 11. März 2009 über europäische Statistiken und zur Aufhebung der Verordnung (EG, Euratom) Nr. 1101/2008 des Europäischen Parlaments und des Rates über die Übermittlung von unter die Geheimhaltungspflicht fallenden Informationen an das Statistische Amt der Europäischen Gemeinschaften, der Verordnung (EG) Nr. 322/97 des Rates über die Gemeinschaftsstatistiken und des Beschlusses 89/382/ EWG, Euratom des Rates zur Einsetzung eines Ausschusses für das Statistische Programm der Europäischen Gemeinschaften (Amtsblatt der EG Nr. L 087, Seite 164).

Label vor. Der EMOS-Beirat ist weiterhin für das Monitoring der laufenden Masterprogramme sowie für die Weiterentwicklung von EMOS verantwortlich.[15]

Der EMOS-Beirat hat 14 Mitglieder, hiervon werden fünf Sitze aus den Reihen der nationalen Statistikämter besetzt, weiter wird jeweils ein Mitglied von einer Zentralbank sowie von dem Nutzgremium ESAC[16] dem AESS zu Benennung vorgeschlagen. Darüber hinaus verfügt Eurostat über einen Sitz im EMOS-Beirat und stellt den Leiter des Gremiums. Eurostat betreibt ebenfalls des EMOS-Sekretariat.

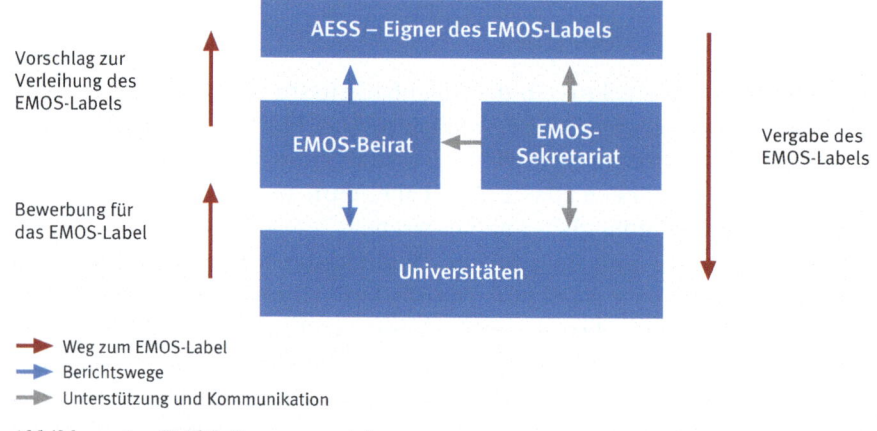

Abbildung 2 EMOS-Prozessmodel

Insgesamt sechs Sitze des EMOS Beirats sind den europäischen Universitäten vorbehalten. Hierzu veröffentlichte der AESS im Sommer 2014 einen Call for Application. Europäische Universitätsprofessorinnen und -professoren waren darin eingeladen, sich auf einen der universitären Plätze zu bewerben. In der Novembersitzung 2014 berief der AESS erstmals Mitglieder in den EMOS-Beirat. Die Mitglieder sind für drei Jahre berufen und können einmal wiedergewählt werden.

---

15 Zum Mandat und zu den Mitgliedern des EMOS-Beirats siehe http://www.cros-portal.eu/content/emos-board
16 Zum European Statistical Advisory Committee (ESAC) siehe http://ec.europa.eu/eurostat/web/european-statistical-advisory-committee-esac

5 EMOS Call for Application

Nachdem der AESS das EMOS-Konzept im Mai 2014 angenommen hatte und dieses Konzept in der Folge auf dem zweiten EMOS-Workshop[17] in Helsinki auch der interessierten Fachöffentlichkeit vorgestellt wurde, veröffentlichte Eurostat im Juli 2014 den ersten EMOS Call for Application.

Der erste EMOS Call for Application war zweistufig aufgebaut. In der ersten Evaluierungsrunde wurden Programme ausgewählt, die vom Grunde her geeignet waren, die geforderten Rahmenbedingungen zu Erlangung des EMOS Label zu erfüllen. Mit diesen Universitäten und den kooperierenden nationalen Statistikämtern wurde dann in der Folge die finale Evaluierungsrunde vorbereitet.

Im Juli 2014 erfolgte daher zuerst der sogenannte EMOS Call for Interest mit der Deadline 15. September 2014.[18] Insgesamt beteiligten sich 22 Masterprogramme aus 13 europäischen Staaten an diesem Call. Die Group of Experts war verantwortlich für die erste Evaluierungsrunde. Jeder Antrag wurde dabei von mindestens zwei Gutachtern aus den Reihen der Mitglieder der Expertengruppe bewertet.

Erfolgreiche Programme mussten die folgenden Anforderungen erfüllen:

EMOS-Basiskriterien
- Das Programm ist ein akkreditierter Masterstudiengang in einem EU-Mitgliedstaat, einem EU-Kandidatenland oder in einem EFTA-Land.
- Das Masterprogramm basiert auf dem Bologna-Prozess und dem European Credit Transfer and Accumulation System (ECTS) oder äquivalent.

EMOS-Auswahlkriterien
- Das Masterprogramm ist gemäß dem EMOS-Curriculum organisiert.
- Die Universität arbeitet in einer engen Kooperation mit einem nationalen statistischen Amt oder einer anderen „statistical authority" im Rahmen von EMOS zusammen.
- Die Universität verfügt über adäquates Lehrpersonal mit entsprechenden Qualifikationen für die jeweiligen Fächer des Masterprogramms.

---

17 Zum zweiten EMOS-Workshop siehe https://wiki.helsinki.fi/display/EMOS2014/Home+EMOS
18 Siehe http://www.cros-portal.eu/content/call-interest

- Die Infrastruktur der Universität, zum Beispiel die Räumlichkeiten oder die IT-Ausstattung, ist sachgerecht.

Die Erfüllung der EMOS-Basiskriterien war eine Grundvoraussetzung, um am weiteren Evaluierungsverfahren teilzunehmen. Die Inhalte zu den Auswahlkriterien wurden mit einem Fragebogen, der jedes Auswahlkriterium weiter spezifizierte, abgefragt. In der ersten Runde war es ausreichend, die Inhalte und Rahmenbedingungen der Masterprogramme zu beschreiben, Dokumente waren noch nicht vorzulegen.

Insgesamt wurden 16 Masterprogramme aus 15 europäischen Universitäten in dieser ersten Runde positiv evaluiert.

Der dritte EMOS-Workshop im Dezember 2014 in Luxemburg brachte dann die Vertreter der in der ersten Runde erfolgreichen Programme zusammen. An dem Workshop nahmen weiter die kooperierenden nationalen Statistikämter sowie die Mitglieder der Expertengruppe und des EMOS-Beirates teil.[19] Inhalt des Workshops war zum einen die gemeinsame Vorbereitung für die finale Bewertungsrunde sowie der aktive Austausch aller Beteiligten über die Inhalte und Verfahrensweisen der verschiedenen Masterprogramme.

Die Universitäten der in der ersten Runde erfolgreichen Masterprogramme wurden dann in der Folge mit einem EMOS Call for Application eingeladen, ihre Programme im Detail darzulegen. Die Verfahrensweisen hierzu waren vorab Inhalt des dritten EMOS-Workshops sowie in einem EMOS Guide for Applicants beschrieben.[20] Insbesondere waren in dieser Runde auch dokumentierende Nachweise mit einzureichen. Deadline des EMOS Call for Application war der 27. Februar 2015.

Im März 2015 wurden die Anträge durch die Mitglieder des EMOS-Beirats während einer zweitägigen Sitzung evaluiert. Als Ergebnis wurden zwölf Masterprogramme aus elf europäischen Universitäten dem AESS zur Auszeichnung mit dem EMOS-Label vorgeschlagen.

In seiner 25. Sitzung am 21. Mai 2015 folgte der AESS den Empfehlungen des EMOS-Beirats und vergab die ersten zwölf EMOS-Label.

---

19 Die Group of Experts war bis zum 31. Dezember 2014 zur Beratung in Fragen von EMOS eingesetzt, ab dem 1. Januar 2015 übernahm der EMOS-Beirat diese Aufgabe.

20 Zum EMOS Guide for Applicants siehe http://www.cros-portal.eu/sites/default/files//EMOS_Guide%20for%20applicants.docx.pdf

Tabelle 1 Europäische Masterprogramme mit EMOS-Label

Masterprogramm	Universität
Master Studies in Statistics	Universität Helsinki
Master in Statistics and Econometrics	ENSAI und Universität Rennes
MSc in Survey Statistics	Universität Trier
MSc Economics	Universität Trier
Statistics, Actuarial and Financial Sciences	Universität Florenz
Master Program in Economics	Universität Pisa
Statistics and Decision Sciences	Universität La Sapienza Rom
Methods and Statistics for the Behavioural, Biomedical and Social Sciences	Universität Utrecht
Master in Statistics and Information Management	Neue Universität Lissabon
Master in Applied Statistics	Universität Örebro, School of Business
Master Programme Applied Statistics	Universität Ljubljana
MSc Official Statistics (MOffStat)	Universität Southampton

6 Ausblick

Der European Master in Official Statistics – EMOS ist weiterhin ein Projekt. Für 2017 ist eine erste Evaluierung von EMOS vorgesehen, abhängig von dieser Beurteilung wird dann der AESS über eine mögliche dauerhafte Etablierung von EMOS entscheiden. Bis dahin ist mindestens ein weiterer EMOS Call for Application vorgesehen.

Der zweite EMOS Call wird im Herbst 2015, gegebenenfalls ein dritter EMOS Call dann im Herbst 2016 erfolgen. Auf der Grundlage der Erfahrungen der ersten Runde von Evaluierung und Vergabe des Labels werden sich einige Bereiche des Verfahrens ändern. Der zweite EMOS Call for Application ist nur noch einstufig vorgesehen und wurde Ende Oktober 2015, mit der Deadline 29. Januar 2016, veröffentlicht.[21]

---

21 Siehe http://www.cros-portal.eu/content/2nd-emos-call-applications-2015

Das EMOS-Sekretariat bei Eurostat wird die EMOS-Basiskriterien jedes Antrages prüfen. Alle Masterprogramme, die diese Prüfung erfolgreich absolvieren, gehen dann in die Evaluierung der EMOS-Auswahlkriterien ein. Diese Evaluierung wird der EMOS-Beirat im Frühjahr 2016 durchführen und seine Empfehlungen für die AESS-Sitzung im Mai 2016 formulieren.

Wie schon zum ersten Call wurde auch in der zweiten Runde ein EMOS-Workshop durchgeführt, der insbesondere Vertreter der erfolgreichen Programme mit interessierten Vertretern von Universitäten und nationalen statistischen Ämtern, die an der zweiten Runde teilnehmen wollen, zusammengeführt hat.[22]

Neben den konkreten Verfahren rund um das EMOS-Label wird auch weiterhin die Etablierung eines europäischen Netzwerkes von Universitäten und Datenproduzenten einen hohen Stellenwert haben. Nicht jeder Studiengang oder Datenproduzent muss dabei an einem EMOS-Label Interesse zeigen, die mehr und mehr entstehenden Materialien aus Literatur, Vorlesungsfolien und -videos und so weiter stehen allen Interessierten offen und können frei verwendet werden. Seit 2013 werden auf dem CROS-Portal (Collaboration in Research and Methodology for Official Statistics) unter http://www.cros-portal.eu/content/emos alle relevanten Entwicklungen detailliert dokumentiert. Hier stehen zum Beispiel auch alle Lehrmaterialen der beiden bisher durchgeführten Sommerschools zur Verfügung. Darüber hinaus werden aktuelle Informationen über den Kurzmitteilungsdienst Twitter auf https://twitter.com/EstatEmos veröffentlicht.

Literatur

Davenport, T.H., & Patil, D.J. (2012). Data Scientist: The Sexiest Job of the 21st Century. *Harvard Business Review*. 70 ff.
https://hbr.org/2012/10/data-scientist-the-sexiest-job-of-the-21st-century/. Zugegriffen: 24. August 2015.

Forbes, S., Camden, M., Pihama, N., Bucknall, P., & Pfannkuch, M. (2011). Official Statistics and statistical literacy: They need each other. *Statistical Journal of the IAOS 27*, 113 ff.

---

22 Zu den Ergebnissen des 4. EMOS Workshops siehe http://www.cros-portal.eu/content/4th-emos-workshop-luxembourg-2015

Kofoed, A., Suciu, M., & Zwick, M. (2013). Towards a European Master in Official Statistics. *Human Resources Management and Training*. United Nations Economic Commission for Europa.

Von der Lippe, P., & Schmerbach, S. (2003). Mehr Wirtschaftsstatistik in der Statistikausbildung für Volks- und Betriebswirte. *Allgemeines Statistisches Archiv 87*, 335 ff.

Lohr, S. (2015). Less Noise but More Money in Data Science. *The New York Times*. http://bits.blogs.nytimes.com/2015/04/28/less-noise-but-more-money-in-data-science/?ref=todayspaper&_r=1. Zugegriffen: 28. April 2015.

Michaels, E., Handfield-Jones, H., & Axelrod, B. (2001). *The War for Talents*. Boston.

Townsend, M. (2011). The national statistical agency as educator. *Statistical Journal of the IAOS 27*, 129 ff.

Zwick, M. (2015). Big Data in der amtlichen Statistik. *Bundesgesundheitsblatt – Gesundheitsforschung – Gesundheitsschutz 58, 8*, 838 ff. doi 10.1007/s00103-015-2188-4

Trainingskurse des ESS
Transfer von Qualitätsstandards in die internationale Umfrageforschung

Angelika Scheuer
GESIS – Leibniz-Institut für Sozialwissenschaften

1 European Social Survey – Wissenstransfer als Mission

Der European Social Survey ist eine akademisch geführte Bevölkerungsumfrage, die seit 2002 alle zwei Jahre erhoben wird, um Zeitreihen von Querschnittsdaten für die Beobachtung und Analyse des sozialen Wandels bereitzustellen. Besonderes Augenmerk gilt der Vergleichbarkeit der erhobenen Daten. Der gesamte Survey-Zyklus steht unter dem Qualitätsanspruch höchstmöglicher Vergleichbarkeit der in den einzelnen Ländern erhobenen Umfragen.

Der ESS hat daher eine besondere Kompetenz in der komparativen Umfragemethodik. Diese beginnt bei der Entwicklung länderübergreifend anwendbarer und übersetzbarer Fragebögen, geht über die standardisierte Stichprobenziehung, Feldarbeit und Datenaufbereitung bis hin zu detaillierten Qualitätsanalysen, z.B. zu Nonreponse Bias. Das Hauptziel ist, höchste Qualitätsstandards im European Social Survey zu etablieren – gefolgt von der Intention, das komparative Methodenwissen in die Community internationaler Umfragen hineinzutragen und dadurch das allgemeine Qualitätsniveau zu erhöhen. Der Wissenstransfer zum Zwecke der allgemeinen Qualitätssteigerung ist auch im Mission statement des ESS ERIC enthalten:

> *The survey measures the attitudes, beliefs and behaviour patterns of diverse populations in more than thirty nations. The main aims of the ESS are:*

- *to chart stability and change in social structure, conditions and attitudes in Europe and to interpret how Europe's social, political and moral fabric is changing*
- *to achieve and spread higher standards of rigour in cross-national research in the social sciences, including for example, questionnaire design and pre-testing, sampling, data collection, reduction of bias and the reliability of questions*
- *to introduce soundly-based indicators of national progress, based on citizens' perceptions and judgements of key aspects of their societies*
- *to undertake and facilitate the training of European social researchers in comparative quantitative measurement and analysis*
- *to improve the visibility and outreach of data on social change among academics, policy makers and the wider public*

Ein zweites Motiv besteht in der Kompetenzbildung zur Analyse der erhobenen Daten. Der European Social Survey erhebt einerseits Querschnitt-Zeitreihen zu grundlegenden sozialen und politischen Themen, andererseits einmalige (bisweilen wiederholte) Themenschwerpunkte, die von wissenschaftlichen Teams, ausgehend von einer theoretischen Fragestellung, entwickelt wurden. Die wissenschaftliche Auswertung dieser Daten erfordert ländervergleichende Analysen bei gleichzeitiger Berücksichtigung der Entwicklung über die Zeit. Um die inhaltliche Auswertung der reichhaltigen Datenquellen voranzutreiben, werden Trainingskurse zur fortgeschrittenen Datenanalyse angeboten.

2 ESS-Trainingskurse

Die ESS-Trainingskurse (im internen Sprachgebrauch „ESSTrains" genannt) sind einmalige Veranstaltungen von 2 Tagen Dauer, deren Teilnehmer durch ein Auswahlverfahren ausgewählt wurden. Der Kurs beinhaltet Theorie ebenso wie praktische Übungen unter Anleitung des/der Kursleiter. Die Kursleiter kommen teils aus dem ESS und sind teils externe Experten, die für ihre Tätigkeit Honorar und Reisekosten erhalten. Organisiert werden die ESS-Trainingskurse in Zusammenarbeit zwischen der Universität Ljubljana und GESIS.

a   Phasen und Formate

Die ESS-Trainingskurse werden über EU-Projekte finanziert. Aus diesem Umstand ergeben sich einige Randbedingungen, die sich teilweise zwischen Projekten unterscheiden. Aus diesem Grund ist es sinnvoll, die Geschichte der ESSTrains in Projektphasen zu unterteilen, für die jeweils ein bestimmtes Format typisch ist.

Phase 1: 2006-2011

Im Jahr 2006 erhielt der ESS eine Förderung aus dem 6. Rahmenprogramm für den Aufbau seiner Infrastruktur: „European Social Survey Infrastructures – Improving Social Measurement in Europe" (ESSi). Ein Werkpaket „Training for young researchers in comparative survey methodology" wurde einer Reihe von Trainingskursen gewidmet, um Nachwuchswissenschaftlern und Berufseinsteigern ein tieferes Verständnis der komparativen Umfragemethodik zu vermitteln. Zwischen 2006 und 2011 wurden insgesamt 13 Kurse abgehalten. Im Sommer 2010 fanden drei Kurse im Rahmen der ECPR Summer School in Ljubljana statt. Da eine Projektvorgabe war, dass im Projektzeitraum 600 Personen geschult werden sollten, wurden die ESSTrains mit bis zu 60 Personen besetzt. Die Teilnehmer wurden nach einem Auswahlverfahren rekrutiert. Die Kursplätze waren voll finanziert, d.h. Reise, Unterbringung und Verpflegung wurden vom Projekt bezahlt. Es bestand keine Teilnahmegebühr. Die ESSTrains erfreuten sich bald großer Beliebtheit und waren (außer in sehr spezialisierten Themengebieten) regelmäßig mehrfach überzeichnet. Das Feedback der Teilnehmenden war durchgängig positiv, doch die Kursstärke wurde unisono kritisiert.

Phase 2: 2010-2014

Ab 2010 wurden sämtliche zentrale Aktivitäten des ESS in einem Projekt des 7. Rahmenprogramms zusammengefasst: „European Social Survey – Data for a Changing Europe" (ESS-DACE). Im Werkpaket „Programme for Academic Cooperation and Training" war ein Budget für drei Trainingskurse enthalten. Das Ziel war der Wissenstransfer und die Kompetenzentwicklung bei Wissenschaftlern aller Ebenen, die als Multiplikator in ihren Bereichen wirken sollen. Das Unterrichtsformat wurde beibehalten, jedoch die Anzahl der Teilnehmer auf 25 Personen reduziert, wodurch insbesondere die praktischen Übungen besser zu handhaben waren. Unterbringung und Verpflegung wurde weiterhin gestellt, aber Reisekosten wurden nur noch an Teilnehmer aus ärmeren Ländern gezahlt, die keine Finanzierungsquelle zur Verfügung hatten. Auch diese Kurse waren mehrfach überzeichnet und erhielten positives Feedback von den Teilnehmern. Wie schon zuvor werden einzelne Kurse als EduNet-Modul auf der Webseite des ESS zum e-Learning angeboten (http://essedunet.nsd.uib.no/).

Phase 3: 2015-2019
Aktuell beginnt die dritte Phase. Der European Social Survey wurde im Dezember 2013 zu einer europäischen Forschungsinfrastruktur (ERIC). Gemeinsam mit den anderen beiden sozialwissenschaftlichen ERICs, dem Verbund europäischer Datenarchive CESSDA und dem Alterssurvey SHARE, hat der ESS im Horizon 2020 ein Clusterprojekt eingeworben: „Synergies for Europe's Research Infrastructures of the Social Sciences" (SERISS). Im Werkpaket „Training and Dissemination" ist eine Task „Statistical training for secondary users" enthalten, in der vier ESS-Trainingskuse abgehalten werden sollen. Andere Tasks enthalten Trainingskurse zu Datenmanagement und Harmonisierung sowie zur Anwendung eigens entwickelter digitaler Instrumente für internationale Umfragen. Das Ziel ist, das Wissen und die Fähigkeiten zu fördern, um die existierenden Daten zu analysieren. Die Zielgruppe sind vor allem neue Mitarbeiter in großen internationalen Erhebungsprogrammen. Das Trainingsprogramm umfasst klassische Kurse im bewährten Format, aber auch Webinare, die den Zugang zum Knowhow verbreitern sollen. In der Organisation der ESS-Trainingskurse wird die bewährte Zusammenarbeit zwischen der Universität Ljubljana und GESIS fortgesetzt, wobei die GESIS Wissensvermittlung Unterstützung leistet.

b   Trainingsinhalte

Die Inhalte der ESS-Trainingskurse lassen sich in zwei Kategorien unterteilen: Komparative Survey-Methodik und Analysemethoden länder- und zeitvergleichender Daten. Betrachtet man die bisher abgehaltenen 16 ESS-Trains (siehe Tabelle 1), so teilen sich die Kurse genau hälftig auf die beiden Bereiche auf. Umfragemethodik umfasst dabei nicht nur „Best practices" in der Durchführung internationaler Umfragen (Fragebogendesign, Stichprobenziehung, Mixed mode-Befragungen und vergleichbare soziodemographische Variablen), sondern auch umfragemethodische Forschungs- und Analyseansätze zu Qualität von Survey items, Nonresponse, Schätzgenauigkeit und Paradaten. Kurse zur Datenauswertung führen in Modellierungsverfahren wie Strukturgleichungsmodelle, Mehrebenen-Modelle und hierarchische Modelle ein, fokussieren aber auch auf die Analyse der Vergleichbarkeit der Daten und der Verfahren zur Kontrolle systematischer Messfehler.

Tabelle 1   Trainingsinhalte der ESS-Trainingskurse 2006-2014

1	Designing and Implementing Questionnaires for Cross-National and Cross-Cultural Contexts	J. Harkness
2	Nonresponse in Cross-National Studies	I. Stoop
3	Sampling in Cross-National Studies	V. Verma
4	Comparability of Survey Data across Countries and Time	E. Davidov, M. Braun, P. Schmitt
5	Structural Equation Modeling with the Program AMOS	E. Davidov, P. Schmitt
6	Mixed Mode Surveys	E. de Leeuw
7	Socio-Demographic Background Variables for Cross-National Comparative Survey Research in Europe	J. Hoffmeyer-Zlotnik, U. Warner
8	Paradata in Social Survey Research	F. Kreuter
9A	Working with comparative surveys	I. Stoop
9B	Controlling for measurement error and construct equivalence concepts in cross-nation research: used methodologies and examples from ESS	J. Billet
9C	Accuracy of survey estimates: sampling, weighting, variance estimation and design effects in cross-sectional surveys	R. Münich, M. Ganninger
10A	Confirmatory Factor Analysis (CFA) and Structural Equation Modeling (SEM)	P. Schmitt
10B	Applying Confirmatory Factor Analysis (CFA) and Structural Equation Modeling (SEM) to cross-cultural data	E. Davidov
11	Multilevel modeling for comparative research	B. Meulemann
12	Prediction of the quality of Survey questions using the program SQP: Improvement of questions and correction for measurement errors	D. Zavala Rojas, M. Revilla
13	The Challenges and Opportunities of Longitudinal Hierarchical Modelling	M. Pickup, T. Immerzeel

Im Rahmen des SERISS-Projekts sind überwiegend Kurse zur Methodik in ländervergleichenden Umfragen geplant: 1) Fragebogendesign, 2) Stichprobenziehung, Gewichtung und Schätzung, 3) Datenqualität und Vergleichbarkeit sowie 4) Auswertung und Analyse. Themen, Dozenten und Zeitpunkte werden über die Verteiler der ESS-Beteiligten verbreitet und auf der Webseite des ESS angekündigt (www.europeansocialsurvey.org).

c Teilnehmer

Der Teilnahme an einem ESS-Trainingskurs geht eine Bewerbung und ein Auswahlverfahren voraus. Die Bewerbung findet über eine Webseite statt, auf der die Bewerber neben den persönlichen Daten (Name, Titel, Geschlecht, E-Mail- und Kontaktadresse, Institutszugehörigkeit und Position) Angaben über die Ausbildung, die bisherige Erfahrung mit (internationaler) Umfrageforschung sowie den erwarteten Nutzen der Kursteilnahme angeben sollen. Außerdem wird ein Curriculum Vitae hochgeladen und ggf. der Bedarf an Reisefinanzierung angegeben.

Nach Ende der Bewerbungsfrist sichtet eine Gruppe von Seniorwissenschaftlern von der Universität Ljubljana und von GESIS die Unterlagen und bringt die Bewerber anhand einer Bewertungsskala in eine Rangordnung. Die Bewertungsskala reicht von 0 bis 10 Punkten und bewertet die Bewerber anhand des erwarteten Nutzens (3 Punkte), der Erfahrung in der Umfrageforschung (3 Punkte) sowie der Multiplikator-Funktion (4 Punkte). Schließlich wird die regionale Verteilung dahingehend berücksichtigt, dass keine zu starken Ungleichgewichte entstehen. Außerdem werden voll finanzierte Plätze nur an Bewerber aus Europa vergeben. Die Kriterien der Mitarbeit in Umfrageprojekten und der Relevanz des Schulungsthemas für die Tätigkeit stellen sicher, dass die Teilnehmer spezifisches Interesse und Engagement mitbringen. Die Multiplikator-Funktion ist eine Einschätzung, die eng mit der Position des Bewerbers zusammenhängt. Das widerspricht in gewisser Weise der in den Projektanträgen formulierten Intention, Nachwuchswissenschaftler zu schulen. Andererseits fördert das hohe Gewicht der Multiplikator-Funktion den „Train the trainers"- Effekt der Schulungen.

Die Beobachtung hat gezeigt, dass ein Ost-West-Unterschied im Qualifikationsniveau und der entsprechenden Auswahlchancen entsteht. Während sich aus den westlichen Ländern überwiegend Doktoranden und Postdoktoranden bewerben, kommen die Bewerbungen aus den östlichen Ländern mehrheitlich von etablierten Wissenschaftlern mit höheren Positionen und oft direkter Beteiligung an wichtigen Umfrageprogrammen. Dies hat zur Folge, dass die postkommunistischen Länder stark unter den Teilnehmern der ESS-Trainingskurse vertreten sind. Grafik 1 stellt eine Auswertung für die 13 ESSTrains der 1. Phase dar, aber für die folgenden Kurse bietet sich ein ähnliches Bild.

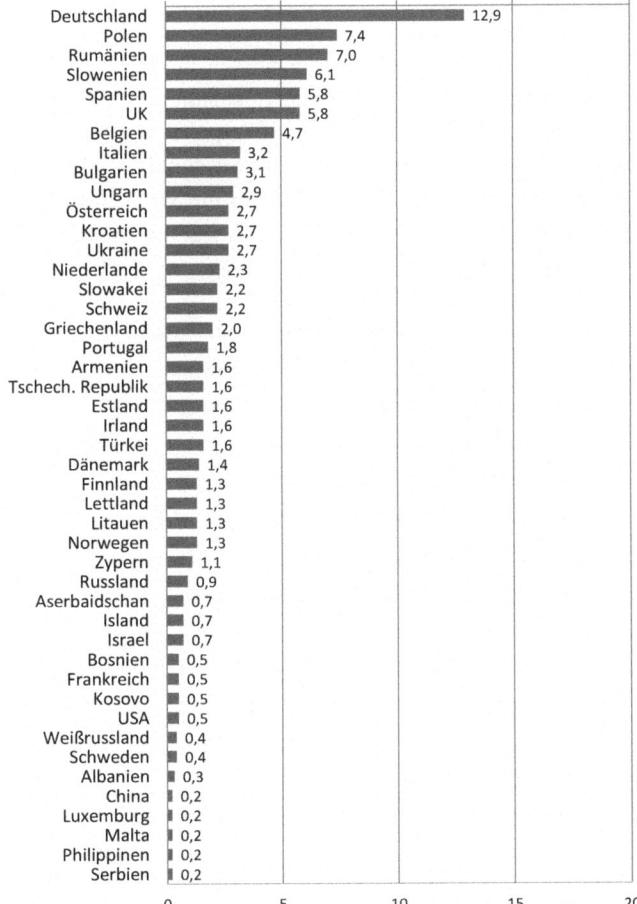

Quelle: ESSi Final Report

Grafik 1   Herkunftsländer der Teilnehmer an ESS-Trainingskursen 2006-2011

Deutschland ist mit Abstand am stärksten vertreten: jeder achte Schulungsteilnehmer kam aus Deutschland. Mit klarem Abstand folgen dann Polen, Rumänien und Slowenien, weiter unten in der Liste Bulgarien und Ungarn, Kroatien und die Ukraine. Es steht zu vermuten, dass die ESS-Trainingskurse – wenn auch nicht explizit intendiert – einen wichtigen Beitrag zu Wissens- und Kompetenzentwicklung in den Ländern Mittel- und Osteuropas leisten.

d Evaluation

Am Ende jeder Veranstaltung geben die Teilnehmer ein formalisiertes Feedback im Rahmen eines Bewertungsfragebogens. Zwölf Aspekte rund um Inhalt, Gestaltung und Organisation des Kurses werden von den Teilnehmern auf einer Skala von 0 (stimme gar nicht zu) bis 4 (stimme voll und ganz zu) bewertet. Grafik 2 stellt die Mittelwerte der Bewertungen für alle ESS Trainingskurse (außer des ersten) dar.

Skala: 1=Strongly disagree, 2=Disagree, 3=Agree, 4=Strongly agree
Quelle: DACE Final Report, eigene Berechnungen.

Grafik 2 *Evaluation der ESS-Trainingskurse durch die Teilnehmer 2006-2014*

Die Bewertungen variieren zwischen den Kursen leicht im Niveau, aber kaum im Profil. Alle Durchschnittsbewertungen liegen zwischen den Werten 3 und 4, also zwischen „gut" und „sehr gut". Über 3,5 werden Aspekte der Organisation bewertet, während Aspekte der Kursgestaltung beim dem Wert 3,4 liegen. Am wenigsten zufrieden sind die Teilnehmer mit der verfügbaren Zeit für Diskussion. Kritisch ist die relativ geringe Zustimmung, dass die Erwartungen erfüllt worden seien. Hier gilt es in Zukunft mehr über die Erwartungen herauszufinden und welche davon in den Kursen nicht erfüllt werden.

3 Ausblick

Die ESS-Trainingskurse sind sporadische, projektbasierte Veranstaltungen, die auf Interesse und Bedarf in der Community der europäischen Umfrageforschung stoßen. In der unmittelbaren Zukunft gilt es, im Rahmen des SERISS-Projekts die Vernetzung zwischen den europäischen sozialwissenschaftlichen Infrastrukturen auch auf der Ebene des Wissenstransfers voranzutreiben. Gleichzeitig wird die Zusammenarbeit mit der GESIS Wissensvermittlung – etwa im Rahmen der GESIS Summer School on Survey Methodology – verstärkt. Neben dem gängigen Schulungsformat soll ein Angebot an Webinars entstehen, das auch für all jene zugänglich ist, die nicht an ESS-Trainingskursen teilnehmen können. Trotz aller Wichtigkeit der medialen Möglichkeiten bleiben die ESS-Trainingskurse ein zentrales Instrument des Wissenstransfers. Zum einen erbringt der unmittelbare Kontakt mit den Teilnehmern wertvolle Information über den Nutzerkreis des Schulungsangebots, zum anderen sind die Veranstaltungen eine Begegnungsstätte für Wissenschaftler mit ähnlichen Interessen aus verschiedenen Ländern. Das internationale Flair macht nicht zuletzt den Charme der ESS-Trainingskurse aus.

Sozialwissenschaftliche Methodenausbildung für Postgraduierte im deutschen und internationalen Kontext

Nora Skopek
GESIS – Leibniz-Institut für Sozialwissenschaften

1 Relevanz sozialwissenschaftlicher Methodenausbildung von Postgraduierten

Den Methoden der empirischen Sozialforschung kommt eine Schlüsselstellung im Rahmen sozialwissenschaftlicher Studiengänge zu. Sie ermöglichen es, soziale Tatbestände auf systematische und methodisch kontrollierte Weise zu erforschen und legen damit die Grundvoraussetzung – entsprechend der Definition von Soziologie durch Max Weber – soziales Handeln deutend zu verstehen und in seinem Ablauf und seinen Wirkungen ursächlich zu erklären.

Nach Abschluss ihres Studiums weisen Postgraduierte unterschiedlicher sozialwissenschaftlicher Studiengänge verschiedener Universitäten starke Unterschiede in ihren Kenntnissen im Bereich der Methoden der empirischen Sozialforschung auf. Dies liegt zum einen an der unterschiedlichen fachlichen Ausrichtung der Universitäten, in denen dem Fachbereich Methoden der empirischen Sozialforschung eine entsprechend geringere oder stärkere Bedeutung beigemessen wird. Das Spektrum reicht dabei von Universitäten, die innerhalb einer Fachrichtung eine Schwerpunktlegung im Bereich Methoden der empirischen Sozialforschung anbieten, bis hin zu Universitäten, die lediglich ein einführendes Basiswissen zu Beginn des Studiums anbieten. Indes obliegt es natürlich den Studierenden, die angebotenen Schwerpunkte tatsächlich auch zu wählen, oder aber lediglich die in aller Regel obligatorischen einführenden Kurse zu belegen.

Nehmen graduierte Sozialwissenschaftler nun ein Promotionsstudium auf, gilt es, je nach gewähltem Thema, mangelnde Kenntnisse nachzuholen, veraltete Kenntnisse aufzufrischen oder vorhandene Kenntnisse auszubauen. Dafür bieten Universitäten und Forschungsinstitute in aller Regel kein standardisiertes Kurssystem an. Ausgenommen davon ist die zunehmende Anzahl an sozialwissenschaftlichen Graduiertenkollegs. Diese weitestgehend standardisierte Form des Promovierens bietet ihren Doktoranden zumeist eine Zahl von Kursen, zu denen neben einer fachlichen/ thematischen Spezifikation auch eine Auffrischung und Ausweitung von Methodenkenntnissen zählen. Im Rahmen ihres Promotionsverfahrens müssen die Doktoranden sogar oftmals einen vorgeschriebenen Kanon an Kursen belegen, um zur Promotion zugelassen zu werden. Damit ist in (einigen) Graduiertenkollegs weitestgehend sichergestellt, dass zumindest ein einheitliches Methodengrundwissen vorhanden ist. Die angebotenen Kurse unterscheiden sich dabei sowohl im Umfang wie auch in der Qualität der vermittelten Inhalte.

Ein weiterer Grund für die Varianz in den Kenntnissen der Methoden der empirischen Sozialforschung von Postgraduierten ist die zunehmende Durchlässigkeit des (universitären) Bildungssystems. Diese hat zur Folge, dass zunehmend auch fachfremde Graduierte zu einem sozialwissenschaftlichen Thema, welches Kenntnisse der Methoden der empirischen Sozialforschung voraussetzt, promovieren. Diese Promovenden sind in besonderem Maße auf ein akademisches Weiterbildungsangebot in den Methoden der empirischen Sozialforschung angewiesen.

Ein zusätzlicher Bedarf einer Weiterbildung in den Methoden der empirischen Sozialforschung für Postgraduierte ergibt sich aus der Tatsache, dass dieser Bereich selbst sehr breitgefächert ist. Für empirische Sozialwissenschaftler sind oftmals Kenntnisse aus dem gesamten Forschungsprozess – angefangen bei der Studienplanung, über die Datenerhebung bis hin zur Datenanalyse sowohl im quantitativen als auch im qualitativen Bereich – von Interesse. Darüber hinaus sind auch prozessübergreifende Kenntnisse – z.B. auf dem Gebiet der Wissenschaftstheorie – von Bedeutung. In allen Bereichen gibt es vor allem auf Grund der technischen und technologischen Entwicklung (leistungsfähigere PCs und Software) einen schnellen Fortschritt. Neue Methoden werden entwickelt, klassische Methoden werden verbessert und verfeinert. Für empirische Sozialforscher besteht damit nicht nur während der Promotionsphase, sondern zu jedem Zeitpunkt ein Bedarf ihre Methodenkenntnisse zu aktualisieren und auszubauen.

Schließlich sind es nicht nur Postgraduierte im akademischen Bereich, die ein Interesse an einem Weiterbildungsangebot in den Methoden der empirischen Sozialforschung auf akademischem Niveau haben. Auch Postgraduierte im öffentlichen nicht-akademischen Sektor (z.B. statistisches Bundesamt, statistische Landesämter, Stadtverwaltungen, Gesundheitsämter), wie auch im kommerziellen Sektor (v.a. Markt- und Meinungsforschungsinstitute) haben ein Interesse und einen Bedarf, sich methodisch weiterzubilden.

An diese Personengruppen richtet sich das Angebot der im Weiteren detailliert vorgestellten „Summer" und „Winter Schools" sowie das komplette Angebot der GESIS Wissensvermittlung.

2 Überblick über die verschiedenen Veranstaltungsformate

Für den vorliegenden Beitrag habe ich fünf Veranstaltungen ausgewählt, die ich im Folgenden näher vorstellen und miteinander vergleichen werde. Primäre Vergleichskategorien stellen dabei inhaltlicher Fokus, Zielgruppe, Veranstaltungsaufbau, Veranstaltungsturnus, Veranstaltungsort, Möglichkeiten des Erwerbs von Zertifikaten sowie die Teilnahmekosten dar. Bei den fünf von mir ausgewählten Veranstaltungen handelt es sich um fünf im sozialwissenschaftlichen Bereich international bekannte und zumeist bereits etablierte Veranstaltungen vornehmlich aus dem europäischen Raum. Dazu gehören die „Essex Summer School in Social Science Data Analysis" (UK); das „London School of Economics (LSE) Methods Summer Programme" (UK); die „European Consortium for Political Research (ECPR) Winter/Summer School in Methods and Techniques" (wechselnde Veranstaltungsorte in Europa); das „Interuniversity Consortium for Political and Social Research (ICPSR) Summer Program in Quantitative Methods of Social Research" (USA) und die noch recht junge „GESIS Summer School in Survey Methodology" (DE). Zusätzlich dazu werde ich das gesamte Angebot der GESIS Wissensvermittlung vorstellen, welches neben der „Summer School in Survey Methodology" ein breitgefächertes Curriculum an regelmäßig stattfindenden Workshops, ein jährliches „Spring Seminar" sowie ein jährliches „Methodenseminar" umfasst. Bevor ich im Detail auf die einzelnen

Veranstaltungen eingehe, bietet Tabelle 1 (s. Seite 165) einen vergleichenden Überblick über die fünf oben genannten Veranstaltungen.

3 Die Veranstaltungen im Detail

Essex Summer School in Social Science Data Analysis

Die „Essex Summer School in Social Science Data Analysis" findet seit 1967 jährlich im Juli/August an drei Veranstaltungsorten statt, der „University of Essex", der „Oxford University" sowie der Universität Mannheim. Die Summer School besteht aus drei zweiwöchigen Programmen. Jedes Programm bietet eine Vielzahl von Kursen auf Postgraduierten-Niveau und deckt eine Reihe von quantitativen wie auch qualitativen Forschungsmethoden ab. Zusätzlich werden Kurse in den Bereichen Forschungsdesign, Techniken der Datenerhebung und -messung sowie Mathematik angeboten. Neben kürzeren Auffrischungskursen (über 1 oder 2 Tage) werden die Kurse in Form von ein- oder zweiwöchigen Programmen mit jeweils 15 bzw. 30 Stunden Unterricht verteilt über 5 bzw. 10 Tage angeboten. Die Unterrichtssprache ist Englisch.

In den Kursbeschreibungen wird je nach Kurs auf unterschiedliches Vorwissen verwiesen, welches die Kursteilnehmer mitbringen sollen. Im Anmeldeformular müssen die Bewerber ihr Vorwissen angeben. Mangelndes Vorwissen können sich die Teilnehmer der Summer School in den für sie kostenlosen Auffrischungskursen (u.a. „Mathematik für Sozialwissenschaftler") aneignen. Ein typischer Kurs beinhaltet pro Tag 3,5 Stunden Unterricht sowie zusätzlich zwei Stunden für Lektüre und Übungsaufgaben. Die Kurse kombinieren klassischen Unterricht mit praktischen Übungen am PC. Die Teilnehmer erhalten ein Teilnahmezertifikat für die besuchten Kurse.

Für einen zweiwöchigen Kurs liegen die Teilnahmekosten im Schnitt bei ca. 1.400 Euro für Teilnehmer aus dem akademischen Bereich. Heruntergerechnet auf einen Tag betragen die Kosten ca. 140 Euro. Die Kosten beinhalten sämtliche Kursmaterialien. Kosten für Anreise und Unterkunft sind exklusive. Die Bewerbung für die Kurse erfolgt ausschließlich online.

Neben der Vermittlung von Methodenkenntnissen setzt die Essex Summer School auch auf Möglichkeiten zur Pflege von professionellen Netzwerken. Zu diesem Zwecke werden abendliche Diskussionsveranstaltungen zu verschiedenen inhaltlichen Themen angeboten.

LSE Methods Summer Programme

Das noch relative junge „Methods Summer Programme" der „London School of Economics" richtet sich an ein breiteres Publikum. Seit 2012 werden auf dem Campus der „London School of Economics" Kurse zu sozialwissenschaftlichen Forschungsmethoden für Studierende, fortgeschrittene Wissenschaftler, wie auch für Nicht-Akademiker angeboten. Die Kurse sind in drei Teilbereiche unterteilt. Diese umfassen qualitative und gemischte Methoden, quantitative Methoden und Methoden speziell zugeschnitten auf die typischen Forschungsbereiche von Ökonomen (z.B. „Faktorenmodelle in Zeitreihen mit Anwendungsbeispielen aus Makroökonomie und Finanzwissenschaft"). Die Unterrichtssprache ist Englisch.

Wie auch bei der Essex Summer School, wird in den Kursbeschreibungen je nach Kurs auf unterschiedliches Vorwissen verwiesen, welches die Kursteilnehmer mitbringen sollen. Im Anmeldeformular müssen die Bewerber ihr Vorwissen angeben. Mangelndes Vorwissen berechtigt zur Ablehnung eines Bewerbers. Ein typischer Kurs beinhaltet pro Tag 4,5 Stunden Unterricht sowie zusätzlich zwei Stunden für Lektüre und Übungsaufgaben. Auch bei den Kursen des „LSE Methods Summer Programme" wird der klassische Unterricht mit praktischen Übungen am PC ergänzt. Am Ende des Kurses haben die Teilnehmer die Möglichkeit, an einer Klausur teilzunehmen.

Für einen Kurs (Kursdauer je 5 Tage) liegen die Teilnahmekosten im Schnitt bei ca. 1.400 Euro für Teilnehmer aus dem akademischen Bereich. Heruntergerechnet auf einen Tag betragen die Kosten ca. 280 Euro. Die Kosten beinhalten sämtliche Kursmaterialien. Kosten für Anreise und Unterkunft sind exklusive. Die Bewerbung für die Kurse erfolgt ausschließlich online.

Zur sozialen Netzwerkpflege und zum kulturellen Austausch haben die Teilnehmer die Möglichkeit, an einem Freizeitprogramm teilzunehmen.

ECPR Winter/Summer School in Methods and Techniques

Das „European Consortium for Political Research" (ECPR) bietet seit 2006 eine jährliche „Summer School" und seit 2012 eine jährliche „Winter School" mit einer Vielzahl von Kursen zum allgemeinen Methodentraining an. Das Programm richtet sich an Politikwissenschaftler und Wissenschaftler aus benachbarten Disziplinen.

Die „Summer School" bietet fünf verschiedene einander komplementierende Kurstypen an: Auffrischungskurse (15 Stunden verteilt über 3 Tage) und vier Typen von Hauptkursen. Die vier Hauptkurstypen beinhalten zweiwöchige Kurse (30 Stunden verteilt über 10 Tage) und einwöchige Kurse (15 Stunden verteilt über 5 Tage). Die vier Hauptkurstypen, bestehend aus diversen Einzelkursen decken folgende Themenbereiche ab: Forschungsdesign (Grundlagenkurse), Datensammlung (Datengenerierungskurse), Datenanalyse (Einführungskurse), Datenanalyse (fortgeschrittene Kurse). Das komplette Programm erstreckt sich über 2,5 Wochen. Teilnehmer können die verschiedenen Kursformate miteinander kombinieren. Die Unterrichtssprache ist Englisch. Die „Summer School" findet jedes Jahr im Juli und August in Ljubljana (Slowenien) statt. Die Kosten für einen Teilnehmer von einer ECPR-Mitgliedsinstitution liegen bei Besuch eines Auffrischungs- und eines einwöchigen Hauptkurses (insgesamt 8 Kurstage) bei ca. 900 Euro. Heruntergerechnet auf einen Tag betragen die Kosten ca. 110 Euro. Die Kosten beinhalten sämtliche Kursmaterialien. Kosten für Anreise und Unterkunft sind exklusive. Doktoranden können sich um ein Stipendium über 200 Euro bewerben.

Die „Winter School" findet seit 2012 jährlich im Februar und seit 2015 in Bamberg (Deutschland) statt und erstreckt sich insgesamt über eine Woche. Ebenso wie in der „Summer School" werden sowohl qualitative als auch quantitative Methodenkurse angeboten. Die „Winter School" kann sowohl separat, als auch ergänzend zur „Summer School" besucht werden. Es besteht die Möglichkeit, die sich in den Grundlagenkursen der „Summer School" angeeigneten Kenntnisse durch fortgeschrittene Kurse in der „Winter School" zu erweitern. Teilnehmer, die bereits an einer „Summer School" teilgenommen haben, zahlen für ihre Teilnahme an der „Winter School" einen reduzierten Beitrag. Wie die „Summer School" bietet auch die „Winter School" die oben genannten einander komplementierende Kurstypen an. Teilnehmer können entweder einen Auffrischungskurs oder einen Hauptkurs oder genau eine Kombination aus beiden wählen. Anders als in der „Summer School" werden in der „Winter School" neben den Auffrischungskursen (7,5 Stunden über 2 Tage) lediglich einwöchige Kurse (15 Stunden verteilt über 5 Tage) angeboten. Die Unterrichtssprache ist Englisch. Die Teilnahmekosten für einen Teilnehmer von einer ECPR-Mitgliedsinstitution liegen bei Besuch eines Auffrischungs- und eines Hauptkurses (insgesamt 7 Kurstage) bei 640 Euro. Heruntergerechnet auf einen Tag betragen die Kosten ca. 90 Euro. Die Kosten beinhalten sämtliche Kursmaterialien. Kosten für Anreise und Unterkunft sind exklusive. Es besteht die Möglichkeit, sich zur Finanzierung von Teilnahme, Anreise und Unterkunft auf ein Stipendium zu bewerben.

Ein typischer Kurs erstreckt sich sowohl in der „Summer School", als auch in der „Winter School" über 4,5 Stunden am Tag mit zusätzlichen 2-3 Stunden für das Selbststudium von empfohlener Lektüre und Hausaufgaben. In beiden Veranstaltungen besteht die Möglichkeit, bis zu 5 ECTS-Punkte zu erwerben. Wie auch bei den anderen Veranstaltungen wird der klassische Unterricht mit praktischen Übungen am PC ergänzt. In den Kursbeschreibungen wird je nach Kurs auf unterschiedliches Vorwissen verwiesen, welches für die Kursteilnahme vorausgesetzt wird. Die Bewerbung für die Kurse erfolgt ausschließlich online.

Neben der Vermittlung von Methodenkenntnissen setzten auch die ECPR „Winter" und „Summer Schools" auf Möglichkeiten zur Pflege von professionellen Netzwerken sowie auf kulturellen Austausch. Zu diesem Zwecke werden an mehreren Kurstagen und an den Wochenenden zwischen den Kursen diverse Angebote zur gemeinsamen Freizeitgestaltung unterbreitet (z.B. Stadtführungen, Exkursionen oder gemeinsame Abendessen).

ICPSR Summer Program in Quantitative Methods of Social Research

Das „Summer Program in Quantitative Methods of Social Research" des „Inter-university Consortium for Political and Social Research" (ICPSR) ist die älteste und etablierteste der hier vorgestellten Veranstaltungen. Bereits seit 1963 bietet das „ICPSR Summer Program" quantitative Methodenkurse für Sozialwissenschaftler an. Im Fokus des „Summer Program in Quantitative Methods of Social Research" stehen die Themen Forschungsdesign, Statistik, Datenanalyse und Methodologie der Sozialwissenschaften. Das Kursangebot richtet sich an Postgraduierte aus dem akademischen und dem öffentlichen Sektor. Ein besonderes Anliegen des „ICPSR Summer Program" ist die Integration von methodischen Strategien, theoretischen Konzepten und praktischen Anliegen der empirischen Sozialforschung. Das „ICPSR Summer Program" findet jährlich im Juni und Juli an sieben verschiedenen Orten in den USA und Kanada statt. Die Unterrichtssprache ist Englisch.

Der komplette Veranstaltungskanon erstreckt sich über acht Wochen. Er besteht aus zwei vierwöchigen Programmen und einem weiterem Programm aus drei- bis fünftägigen Workshops. Die zwei vierwöchigen Kurse ermöglichen die Kombination einer Anzahl von methodischen Workshops mit theoretischen Vorlesungen. Beide Konzepte werden durch praktische Übungen und Diskussionsrunden ergänzt. Die Workshops erstrecken sich in aller Regel über 19 Tage. Sie enthalten zwei bis drei Stunden Unterricht. Zwei bis drei weitere Stunden werden veranschlagt für Lektüre und Hausaufgaben. Die Vorlesungen erstrecken sich ebenfalls über die jeweils kompletten vier Wochen und bestehen aus täglichen 60-90-minütigen Sitzungen. Die „Kurzworkshops" (3-5 Tage) enthalten in aller Regel sechs Stunden Unterricht pro Tag und kombinieren methodisches Wissen mit praktischen Übungen. Theoretische Vorlesungen finden nicht in Form von Kurzworkshops statt. In den Kursbeschreibungen wird je nach Kurs auf unterschiedliches Vorwissen verwiesen, welches für die Kursteilnahme vorausgesetzt wird. Den Kursteilnehmern werden Empfehlungen zur Verfügung gestellt, wie die einzelnen Kurse und Kursformate sinnvoll zu kombinieren sind. Je nach Kurs besteht die Möglichkeit, zum Kursabschluss an einer Klausur teilzunehmen und ECTS-Punkte zu erwerben. Die Unterrichtssprache ist Englisch.

Für die Teilnahme an einer vollständigen „4-Wochen-Session" (mit beliebig vielen Workshops und Vorlesungen) liegen die Kosten für Teilnehmer von ICPSR-Mitgliedsinstitutionen bei ca. 2.200 Euro (insgesamt 19 Kurstage). Die Teilnahme an einem der drei- bis fünftägigen Workshops kostet für Teilnehmer von ICPSR-Mitgliedsinstitutionen im Schnitt ca. 1.200 Euro. Heruntergerechnet auf einen Tag betragen die Kosten ca. 120 Euro bzw. 300 Euro. Die Kosten beinhalten sämtliche Kursmaterialien. Kosten für Anreise und Unterkunft sind exklusive. Es besteht die Möglichkeit, sich zur Finanzierung von Teilnahme, Anreise und Unterkunft auf ein Stipendium zu bewerben. Die Bewerbung für die Kurse erfolgt ausschließlich online.

Neben der Vermittlung von Methodenkenntnissen setzt auch das „ICPSR Summer Program" auf Möglichkeiten zur Pflege von professionellen Netzwerken sowie auf einen wissenschaftlichen Austausch auf verschiedenen Ebenen. Zu diesem Zwecke wird z.B. die Teilnahme an weiteren Bildungsveranstaltungen am „Summer Institute in Survey Research Techniques" an der „University of Michigan" angeboten.

GESIS Summer School in Survey Methodology

Seit 2012 findet jährlich im August die „GESIS Summer School in Survey Methodology" in Köln (Deutschland) statt. Dieses recht junge Programm möchte die bereits bestehende Formate ergänzen um eine Veranstaltung, bei der die Themen Umfragemethodik und Datenerhebung im Mittelpunkt stehen. Die „GESIS Summer School" richtet sich an Nachwuchswissenschaftler aller Fachrichtungen, die mit Methoden der Umfrageforschung arbeiten. Das komplette Programm erstreckt sich über drei Wochen und besteht aus 2-tägigen Auffrischungskursen (mit 6 Stunden Unterricht pro Tag) und einwöchigen Hauptkursen (mit 4 Stunden Unterricht pro Tag plus 2 weiteren Stunden für Lektüre und Übungen). Jeder Teilnehmer kann an genau einem Hauptkurs pro Woche teilnehmen. Obwohl ein Hauptaugenmerk auf Methoden der Datenerhebung und Umfragemethodik liegt, werden auch ausgewählte Kurse zu Methoden der Datenanalyse angeboten. Auch bei der „GESIS Summer School" wird der klassische Unterricht mit praktischen Übungen am PC ergänzt. Die Unterrichtssprache ist Englisch.

Wie auch bei den anderen Kursformaten wird in den Kursbeschreibungen der „GESIS Summer School" auf unterschiedliches Vorwissen verwiesen, welches die Kursteilnehmer mitbringen sollen. Zusätzlich dazu wird von allen Teilnehmern erwartet, dass sie über ein solides Basiswissen im Bereich der empirischen Sozialforschung verfügen. Im Anmeldeformular müssen die Bewerber ihr Vorwissen angeben. Es besteht die Möglichkeit bis zu 4 ECTS Punkte zu erwerben.

Für einen einwöchigen Kurs (Kursdauer 5 Tage) mit dem Erwerb von 4 ECTS-Punkten liegen die Teilnahmekosten bei 400 Euro für Teilnehmer aus dem akademischen Bereich. Heruntergerechnet auf einen Tag betragen die Kosten 80 Euro. Die Kosten beinhalten sämtliche Kursmaterialien. Kosten für Anreise und Unterkunft sind exklusive. Im Jahr 2015 stellte der „Deutsche Akademische Auslandsdienst" (DAAD) 10 Stipendien für außerdeutsche Teilnehmer zur Verfügung. Die Bewerbung für die Kurse erfolgt ausschließlich online.

Neben der Vermittlung von methodischen Kenntnissen legt die GESIS besonderen Wert auf Möglichkeiten zur sozialen Netzwerkpflege. Zu diesem Zwecke finden abendliche Gesprächsrunden mit Experten aus verschiedenen Forschungsbereichen statt. Zusätzlich gibt es ein breites Angebot an sozialen und kulturellen Veranstaltungen für die Teilnehmer der Summer School.

4 Das Angebot der GESIS Wissensvermittlung

Allgemeines zur GESIS Wissensvermittlung

Das GESIS – Leibniz-Institut für Sozialwissenschaften ist die größte deutsche Infrastruktureinrichtung für die Sozialwissenschaften. GESIS unterstützt Sozialwissenschaftler mittels forschungsbasierter Dienstleistungen und Beratungen in allen Phasen des wissenschaftlichen Prozesses: Recherche, Studienplanung, Datenerhebung, Datenanalyse und Archivierung. Daneben führt sie selbst sozialwissenschaftliche Studien durch (z.B. die PIAAC-Deutschland Studie oder den Allbus). Die GESIS Wissensvermittlung deckt dabei insbesondere die Bereiche der Studienplanung, Datenerhebung und Datenanalyse ab, mit dem Ziel, der Entwicklung einer tiefgehenden und anwendungsbezogenen Methodenkompetenz der Teilnehmer der angebotenen Veranstaltungen.

Neben der „Summer School" bietet die Wissensvermittlung der GESIS drei weitere Veranstaltungsformate an, die im Folgenden kurz näher beschrieben werden: ein jährliches „Spring Seminar", ein jährliches Methodenseminar sowie ganzjährig stattfindende ein- bis dreitägige Workshops. Teilnehmer der verschiedenen Kursformate sollen sich ein differenziertes Hintergrundwissen aneignen und praxisrelevanter Fertigkeiten erlernen können. Vermittelt wird dieses Wissen durch international renommierte Experten.

Spring Seminar

Das GESIS "Spring Seminar" ist die etablierteste Veranstaltung der GESIS Wissensvermittlung. Es findet – in 2015 bereits zum 44. Mal – jährlich in Köln statt (früher unter dem Namen „ZA-Frühjahrsseminar"). Im „Spring Seminar" werden drei einwöchige Kurse in fortgeschrittenen Verfahren der quantitativen Datenanalyse für Sozialwissenschaftler angeboten. Zur Vorbereitung bzw. Auffrischung wird im Vorfeld zusätzlich einen Mathematikkurs angeboten. In beiden Kursformaten ist die Unterrichtsprache Englisch. Die Preise für einen einwöchigen Kurs belaufen sie auf 350 Euro für eine Teilnahme aus dem akademischen Bereich. Kosten für Anreise und Unterkunft sind exklusive.

Methodenseminar

Das GESIS Methodenseminar (früher: ZHSF-Herbstseminar) findet seit 1980 ebenfalls jährlich in Köln statt und richtet sich an Graduierte aus den Sozial- und Geisteswissenschaften sowie aus benachbarten Bereichen. Während sich das Spring Seminar insbesondere an fortgeschrittene Wissenschaftler richtet, hat das Methodenseminar einen eher einführenden Charakter. Es vermittelt Grundlagenwissen und -fertigkeiten im Umgang mit quantitativen Forschungsdaten.

Das Methodenseminar erstreckt sich über drei Wochen und besteht aus einer jeweils einwöchigen Anzahl von Basis-, ergänzt durch Aufbaumodule. Die einzelnen Module können sowohl einzeln als auch in Kombination miteinander gebucht werden. Die Basismodule werden teilweise als Online-Kurse angeboten und vermitteln Grundlagen auf den Gebieten der Forschungsmethoden der Historischen Sozialforschung, dem „Text Mining" und der deskriptiven Statistik. Die Aufbaukurse vermitteln Theorie und Anwendung grundlegender Verfahren der multivariaten Datenanalyse mittels theoretischer Vorlesungen kombiniert mit praktischen Übungen am PC. Es besteht die Möglichkeit, pro besuchten Modul 2 ECTS-Punkte zu erwerben. Die Preise für die Teilnahme an einem Basis- und einem Aufbaumodul (gesamte Kursdauer: 10 Tage) vor Ort in Köln belaufen sich auf ca. 670 Euro für Doktoranden. Kosten für Anreise und Unterkunft sind exklusive.

Workshops

Die GESIS Workshops bieten eine Weiterbildung sowohl für Nachwuchswissenschaftler und etablierte Wissenschaftler mit sozialwissenschaftlichem Hintergrund, als auch für Sozialwissenschaftler aus dem öffentlichen oder kommerziellen Sektor an. Die zwei- bis dreitägigen Intensivkurse legen einen Schwerpunkt auf Methoden der quantitativen und qualitativen Datenanalyse, umfassen aber ebenso die Themenbereiche Studienplanung und

Datenerhebung (u.a. qualitative Interviews, Fragebogenkonstruktion für Umfragen, Stichprobenziehung). Daneben gibt es regelmäßig Workshops, die in spezifische Programmsoftware einführt. Zusätzlich dazu finden Workshops verschiedener GESIS-interner als auch -externer Forschungsdatenzentren statt, in denen Teilnehmer in das Arbeiten mit anspruchsvollen Datensätzen eingewiesen werden und eigene Forschungsprojekte und -probleme diskutieren können. Schließlich beinhaltet das Workshop-Programm auch forschungsprozessübergreifende Workshop-Themen an (z.B. Mathematik-kurse für Sozialwissenschaftler oder Kurse in Wissenschaftstheorie). Ein Workshop besteht üblicherweise aus sechs Stunden Unterricht pro Tag, und enthält neben theoretischen Grundlagen auch praktische Übungen. Aktuell finden jährlich ca. 30 Workshops an den beiden GESIS-Standorten Mannheim und Köln statt. Die Workshops richten sich vornehmlich an ein deutsches, zunehmend aber auch an ein internationales Publikum. Je nach Kursthema ist die Unterrichtssprache entweder Deutsch oder Englisch. Pro Tag belaufen sich die Kosten für die Teilnahme an einem Workshop auf 70 Euro für Teilnehmer aus dem akademischen Bereich.

5   Abschließende Betrachtung

Abschließend lässt sich festhalten, dass ein breites und qualitativ hochwertiges Angebot an verschiedenen Kursformaten zur sozialwissenschaftlichen Methodenausbildung für Postgraduierte mit unterschiedlichem Kenntnisstand existiert. Die angebotenen Kurse werden in aller Regel von international renommierten Experten im jeweiligen Forschungsfeld durchgeführt. Für die einzelnen Universitäten, Institute und kommerziellen Arbeitgeber bietet es sich daher an, ihre Forscher, Doktoranden und Mitarbeiter zu diesen Angeboten zu entsenden. Ein zusätzlicher Nutzen entsteht durch die vorhandenen Möglichkeiten zur sozialen Netzwerkbildung und -pflege. Hierzu bilden die in aller Regel in einem internationalen Umfeld stattfindenden Veranstaltungen besonders gute Rahmenbedingungen. Nach wie vor muss aber in der universitären Lehre sichergestellt werden, dass die Studierenden der Sozialwissenschaften eine möglichst breite und fundierte Grundausbildung in den Methoden der empirischen Sozialforschung erhalten.

Tabelle 1 Veranstaltungsüberblick

	Essex Summer School	LSE Summer Programme	ECPR Summer/ Winter School	ICPSR Summer Program	GESIS Summer School
Inhalt	Qualitative und quantitative Forschungsmethoden; Forschungsdesign	Forschungsmethoden	Allgemeines Methodentraining	Forschungsdesign; Statistik; Datenanalyse; Methodologie der Sozialwissenschaften [Schwerpunkt auf quantitativen Methoden]	Erhebungs- und Umfragemethodik; Datensammlung; Datenanalyse
Zielgruppe	Postgraduierte Sozialwissenschaftler	Studenten; Akademiker; Sozialwissenschaftler und insbesondere Ökonomen	Studenten; Nachwuchswissenschaftler	Postgraduierte aus dem akademischen und öffentlichen Sektor	Doktoranden; Nachwuchswissenschaftler
Veranstaltungsaufbau	drei zweiwöchige Programme mit ein- und zweiwöchigen Kursen + ein- bis zweitägigen Auffrischungskurse	12 fünftägige Kurse über einen Zeitraum von zwei Wochen	SS: dreitägige Auffrischungskurse, ein- und zweiwöchige Hauptkurse; WS: eine Woche mit 2-tägigen Auffrischungs- und einwöchigen Hauptkursen;	zwei vier-wöchige Programme und drei-fünftägige Intensivkurse	drei Wochen mit jeweils einwöchigen Hauptkursen + 2-tägigen Auffrischungskursen
Turnus	jährlich im Juli/August	jährlich im Juli/August	jährlich im Juli/August und im Februar	jährlich im Juni/Juli	jährlich im August

	Essex Summer School	LSE Summer Programme	ECPR Summer/Winter School	ICPSR Summer Program	GESIS Summer School
Veranstaltungsort	Essex (UK); Oxford (UK); Mannheim (DE)	London (UK)	Aktuell: Summer School in Ljubljana (SL); Winter School in Bamberg (DE)	Sieben verschiedene Orte in den USA und Kanada	Köln (DE)
TN-Zertifikate	Teilnahmezertifikat	benotetes Teilnahmezertifikat	Teilnahmezertifikat + ECTS-Punkte	Teilnahmezertifikat; Erwerb/Anerkennung von ECTS-Punkten abhängig von Universität	Teilnahmezertifikat + ECTS-Punkte
Findet statt seit	1967	2012	Winter School: 2012 Summer School: 2006	1963	2012
Ø TN-Kosten pro Tag in Euro	140	280	110/90	120/330	80

Adressen der Referentinnen und Referenten

Sibylle von Oppeln-Bronikowski
  Direktorin des Statistischen Bundesamtes, Gustav-Stresemann-Ring 11,
  65189 Wiesbaden
  E-Mail: roderich.egeler@destatis.de

Prof. Dr. Frank Faulbaum
  Universität Duisburg-Essen, Institut für Soziologie, Lotharstraße 65,
  47057 Duisburg
  E-Mail: frank.faulbaum@uni-due.de

Prof. Dr. Jürgen H. P. Hoffmeyer-Zlotnik
  Justus-Liebig-Universität Gießen
  E-Mail: juergen.hoffmeyer-zlotnik@sowi.uni-giessen.de

Bettina Klumpe
  GfK Media & Communication Research GmbH & Co. KG, Burgstraße 3,
  65183 Wiesbaden
  E-Mail: bettina.klumpe@gfk-enigma.de

Prof. Dr. Ulrich Kohler
  Universität Potsdam, Lehrstuhl Methoden der empirischen
  Sozialforschung, August-Bebel-Straße 89, 14482 Potsdam
  E-Mail: ulrich.kohler@uni-potsdam.de

Sabine Köhler
  Statistisches Bundesamt, Gustav-Stresemann-Ring 11, 65189 Wiesbaden
  E-Mail: sabine.koehler@destatis.de

Hartmut Scheffler
  TNS Infratest Holding GmbH & Co. KG, Stieghorster Str. 66,
  33605 Bielefeld
  E-Mail: hartmut.scheffler@tns-infratest.com

Dr. Angelika Scheuer
  GESIS – Leibniz-Institut für Sozialwissenschaften, Survey Design &
  Methodology, B2, 1, 68159 Mannheim
  E-Mail: angelika.scheuer@gesis.org

Dr. Nora Skopek
GESIS – Leibniz-Institut für Sozialwissenschaften, Postfach 12 21 55,
68072 Mannheim
E-Mail: nora.skopek@gesis.org

Prof. Dr. Christa Wehner
Hochschule Pforzheim, Fakultät für Wirtschaft und Recht, Tiefenbronner
Straße 65, 75175 Pforzheim
E-Mail: christa.wehner@hs-pforzheim.de

Prof. Dr. Markus Zwick
European Commission, Eurostat, A-2, Human resources management,
Bâtiment Jean Monnet, 2920 Luxemburg, Luxemburg
E-Mail: markus.zwick@ec.europa.eu

The manufacturer's authorised representative in the EU is Springer Nature Customer Service Centre GmbH, Europaplatz 3, 69115 Heidelberg, Germany. If you have any concerns regarding our products, please contact ProductSafety@springernature.com

Printed and bound by CPI Group (UK) Ltd, Croydon, CR0 4YY
23/03/2026
02076396-0017